L'HABITATION MODERNE

Société d'Habitations a bon marché
des personnels de la Ville de Paris, du Département de la Seine et des Communes suburbaines.

PRÉFECTURE DE LA SEINE, PRÉFECTURE DE POLICE, ASSISTANCE PUBLIQUE, OCTROI, MONT-DE-PIÉTÉ, ENSEIGNEMENT, MAIRIES, VOIRIE, POMPES FUNÈBRES, HALLES ET MARCHÉS, SERVICES MUNICIPAUX DIVERS (gaz, électricité, métropolitain, eaux, omnibus, tramways, etc.

SOCIÉTÉ ANONYME COOPÉRATIVE A CAPITAL VARIABLE

9.000.000 de francs au 1er janvier 1927

Approuvée par arrêté ministériel du 16 juin 1905.

SIÈGE SOCIAL : **29**, rue Violet, à PARIS

Compte rendu
de l'Assemblée ordinaire et extraordinaire
du 27 mars 1927.

PARIS

IMPRIMERIE ET LIBRAIRIE CENTRALES DES CHEMINS DE FER

IMPRIMERIE CHAIX

SOCIÉTÉ ANONYME AU CAPITAL DE TROIS MILLIONS

Rue Bergère, 20

1927

AVIS

La Société d'habitations à bon marché **l'Habitation Moderne** est douée de la personnalité civile et, par conséquent, jouit de la capacité de recevoir des dons et des legs, sans que la reconnaissance d'utilité publique lui soit nécessaire.

FORMULE

Je lègue à la Société d'habitations à bon marché *l'Habitation Moderne*, fondée en 1905, dont le siège social est à Paris, 29, rue Violet :

(Indication de la nature du legs.)

pour qu'il en soit fait usage sous la direction de son Conseil d'administration conformément à ses statuts.

Ce legs sera franc et quitte de tous frais et droits.

  Lieu.   *Date.*   *Signature.*

Avis important. — Pour une *donation*, la même formule pourrait être employée, mais la donation ne serait valable qu'autant que l'acte la comprenant aurait été reçu devant notaire.

DONATEURS

MM. Marcel Bernard.
   Gattefossey.
   Greslat.

L'HABITATION MODERNE

Société d'Habitations à bon marché
des personnels de la Ville de Paris, du Département de la Seine
et des Communes suburbaines.

PRÉFECTURE DE LA SEINE, PRÉFECTURE DE POLICE, ASSISTANCE PUBLIQUE, OCTROI, MONT-DE-PIÉTÉ,
ENSEIGNEMENT, MAIRIES, VOIRIE, POMPES FUNÈBRES, HALLES ET MARCHÉS, SERVICES MUNICIPAUX DIVERS
(gaz, électricité, métropolitain, eaux, omnibus, tramways, etc.)

SOCIÉTÉ ANONYME COOPÉRATIVE A CAPITAL VARIABLE

de 9.000.000 francs au 1er janvier 1927

Approuvée par arrêté ministériel du 16 juin 1905.

SIÈGE SOCIAL : **29**, rue Violet, à PARIS

Compte rendu

de l'Assemblée ordinaire et extraordinaire

du 27 mars 1927.

PARIS

IMPRIMERIE ET LIBRAIRIE CENTRALES DES CHEMINS DE FER

IMPRIMERIE CHAIX

SOCIÉTÉ ANONYME AU CAPITAL DE TROIS MILLIONS

Rue Bergère, 20

1927

AVIS

La Société d'habitations à bon marché **l'Habitation Moderne** est douée de la personnalité civile et, par conséquent, jouit de la capacité de recevoir des dons et des legs, sans que la reconnaissance d'utilité publique lui soit nécessaire.

FORMULE

Je lègue à la Société d'habitations à bon marché *l'Habitation Moderne*, fondée en 1905, dont le siège social est à Paris, 29, rue Violet :

(Indication de la nature du legs.)

pour qu'il en soit fait usage sous la direction de son Conseil d'administration conformément à ses statuts.

Ce legs sera franc et quitte de tous frais et droits.

Lieu.   *Date.*   *Signature.*

Avis important. — Pour une *donation*, la même formule pourrait être employée, mais la donation ne serait valable qu'autant que l'acte la comprenant aurait été reçu devant notaire.

DONATEURS

MM. Marcel Bernard.
Gattefossey.
Greslat..

L'HABITATION MODERNE

Société d'Habitations à bon marché
des personnels de la Ville de Paris, du Département de la Seine
et des Communes suburbaines.

Préfecture de la Seine, Préfecture de Police, Assistance publique, Octroi, Mont-de-Piété,
Enseignement, Mairies, Voirie, Pompes funèbres, Halles et Marchés, Services municipaux divers
(gaz, électricité, métropolitain, eaux, omnibus, tramways, etc.)

SOCIÉTÉ ANONYME COOPÉRATIVE A CAPITAL VARIABLE

de 9.000.000 francs au 1er janvier 1927

Approuvée par arrêté ministériel du 16 juin 1903.

SIÈGE SOCIAL : 29, rue Violet, à PARIS

Compte rendu

de l'Assemblée ordinaire et extraordinaire

du 27 mars 1927.

PARIS

IMPRIMERIE ET LIBRAIRIE CENTRALES DES CHEMINS DE FER

IMPRIMERIE CHAIX

SOCIÉTÉ ANONYME AU CAPITAL DE TROIS MILLIONS

Rue Bergère, 20

1927

L'HABITATION MODERNE

Société d'Habitations à bon marché
des Personnels de la Ville de Paris, du Département de la Seine,
des Communes suburbaines et des Services assimilés.

ASSEMBLÉE GÉNÉRALE ORDINAIRE ET EXTRAORDINAIRE

du dimanche 27 mars 1927.

L'an mil neuf cent vingt-sept, le vingt-sept mars, les actionnaires de la Société l'*Habitation Moderne* se sont réunis en Assemblée générale ordinaire et extraordinaire à la Salle des Fêtes de la Mairie du IVe arrondissement, place Baudoyer, à Paris, sur convocation du Conseil d'administration, en date du 1er mars 1927.

La séance est ouverte à quatorze heures, sous la présidence de M. Paul Aubriot, député de Paris.

MM. Blum, rédacteur à la Préfecture de la Seine, représentant le Département de la Seine et la Ville de Paris, et Émile Sibert sont désignés comme assesseurs et M. Cornède comme secrétaire.

M. le Président déclare à l'Assemblée qu'il résulte de la feuille de présence (signée par les actionnaires lors de leur entrée en séance) que 501 actionnaires, possédant ensemble 79.978 actions, sont présents ou représentés. L'Assemblée réunissant ainsi plus des trois quarts du capital social est déclarée régulièrement constituée pour délibérer ordinairement et extraordinairement.

Il communique à l'Assemblée un exemplaire légalisé et enregistré du *Bulletin Municipal Officiel de la Ville de Paris* en date du 12 mars 1927, contenant l'avis de convocation.

Le Président rappelle que l'ordre du jour de l'Assemblée est ainsi conçu :

1° Rapport du Conseil d'administration ;

2° Rapport des Commissaires de surveillance ;

3° Examen et approbation, s'il y a lieu, des comptes généraux et particuliers de l'exercice 1926 ;

4° Fixation du dividende (4 0/0) et de la bonification pour charges de famille (0,20 0/0 par enfant âgé de moins de 16 ans) ;

5° Vérification et approbation d'apports immobiliers ;

6° Constatation de l'augmentation du capital social et des déclarations de souscription et de versement ;

7° Modification aux statuts ;

8° Autorisation de porter éventuellement le capital social à 10.500.000 de francs ;

9° Autorisation d'emprunter à la Caisse des Dépôts et Consignations et à la Caisse nationale des Retraites.

10° Résolutions diverses.

11° Renouvellement partiel du Conseil d'administration ;

12° Nomination de deux Commissaires de surveillance.

M. Auguste TARBIN donne ensuite lecture du rapport du Conseil d'administration :

Rapport du Conseil d'administration

MESDAMES, MESSIEURS,

Les vingt premières Assemblées générales de notre Société ont été présidées par un membre de votre Conseil d'administration.

L'an dernier, pour la première fois, nous avons dérogé à cette tradition et M. LE PRÉFET DE LA SEINE a dirigé nos travaux.

Cette année, nous avons fait appel à un parlementaire.

M. Paul AUBRIOT, particulièrement compétent en matière de finance et de prévoyance sociale, a bien voulu nous répondre affirmativement et nous-l'en remercions vivement *(Applaudissements)*.

Notre remerciement de ce jour confirme ceux que nous lui avons déjà adressés en votre nom, car c'est à la suite de son intervention que nous venons d'obtenir de l'État une avance de deux millions de francs et, hier encore, M. Paul AUBRIOT recommandait tout particulièrement à M. le Ministre du Travail la nouvelle avance de quatre millions que nous sollicitons. *(Vifs applaudissements.)*

Nous espérons que notre rapport justifiera la confiance dont M. Paul AUBRIOT nous a gratifiés.

Vous nous permettrez d'exprimer aussi notre gratitude à M. Louis DAUSSET, qui, dans les premiers jours de janvier dernier, intervenait à nouveau en notre faveur, en sa qualité de Sénateur de la Seine. *(Marques d'approbation.)*

Voici le compte rendu de l'exercice 1926.

Le bilan se présente de la façon suivante :

I. — Balance.

	SOLDES DÉBITEURS	SOLDES CRÉDITEURS
Capital souscrit *(a)* . . . . Fr.	» »	9.000.000 »
Capital souscrit et non versé *(b)*	5.966.622 »	» »
Dépôts.	» »	164.085 65
Disponibilités :		
Chèques postaux.	63.829 95	» »
Caisse	2.100 45	» »
Crédit Municipal.	23.073 05	» »
C. D. C.	2.968 50	» »
Caisse d'Epargne	4.707 05	» »
Bons de la Défense Nationale	370.000 »	» »
Terrain à Paris.	34.500 »	» »
Immeubles loués avec promesse d'attribution (180)	6.931.000 »	» »
Immeubles en cours de construction (29)	567.287 50	» »
Prêts hypothécaires (287 pour 9.542.700).	8.555.182 10	» »
Immeubles attribués (131) *(c)*	» »	» »
Emprunts :		
Caisse d'Epargne (20.000 francs) *(d)*.	» »	» »
Caisse des Dépôts et Consignations (774.500 francs) . . .	» »	92.500 »
Caisse Nationale des Retraites (13.088.000 francs). . . .	» »	12.290.800 »
Mobilier et Matériel	1 »	» »
Débiteurs divers	4.617 45	» »
Créanciers divers.	» »	504.496 80
Frais de constitution	1 »	» »
Subventions	» »	1.000 »
Frais généraux.	43.070 90	» »
Loyers, intérêts	» »	245.031 60
Taxes d'entrée	» »	279 »
Ouvertures de crédit	» »	365.458 55
Valeurs mobilières déposées à la C. D. C..	591.622 20	— »
Provision pour dépréciation portefeuille.	» »	67.000 »
Réserve légale	» »	22.715 30
Réserve extraordinaire	» »	107.216 25
TOTAL. . . . . . . Fr.	23.160.583 15	23.160.583 15

a) Capital souscrit par les actionnaires locataires . . . . Fr. 6.931.000 ⎫
Capital souscrit par les actionnaires simples . . . . 2.069.000 ⎭ 9.000.000

b) Capital versé par les actionnaires locataires. . . . . 2.039.136 ⎫
Capital versé par les actionnaires simples. . . . . 994.242 ⎭ 3.033.378

c) 131 immeubles d'une valeur de 4.431.800 francs.

d) Entièrement remboursé.

II. — Bilan.

ACTIF

Disponibilités	Fr.	466.679 »
Capital souscrit et non versé		5.966.622 »
Immeubles sociaux		6.931.000 »
Terrain à Paris		34.500 »
Prêts hypothécaires		8.555.182 10
Immeubles en cours de construction		567.287 50
Débiteurs divers		4.617 45
Valeurs mobilières C. D. C.		591.622 20
Mobilier et Matériel		1 »
Frais de constitution		1 »
	Fr.	23.117.512 25

PASSIF

Capital social	Fr.	9.000.000 »
Créanciers divers		501.496 80
Dépôts		464.085 65
Emprunts C. D. C.		92.500 »
Emprunts C. N. R.		12.290.800 »
Ouvertures de crédit		365.458 55
Provision pour dépréciation portefeuille		67.000 »
Réserve légale		22.715 30
Réserve extraordinaire		107.216 25
Excédent d'actif		203.239 70
	Fr.	23.117.512 25

III. — Compte de l'Excédent d'Actif.

DÉBIT		CRÉDIT	
Amortissement des Frais généraux	43.070 90	Subventions . . . . . . Fr.	1.000 »
Solde	203.239 70	Loyers et intérêts	215.031 60
		Taxes d'entrée	279 »
Fr.	216.310 60	Fr.	216.310 60

IV. — Répartition proposée.

Réserve légale . . . . Fr.		10.161 95
Dividende 4 0/0		102.167 »
Bonifications pour charges de famille		17.000 »
Réserve extraordinaire		73.910 75
TOTAL . . . . . . Fr.		203.239 70

V. — Réserves de la Société au 31 décembre 1926.

Réserve légale (22.715 30 + 10.161 95) . . . . Fr. 32.877 25

Réserve extraordinaire (107.216 25 + 73.910 75 + 67.000). Cette dernière somme représente la provision qui avait été constituée pour faire face à la dépréciation des valeurs en portefeuille, provision devenue inutile . . . . 248.127 »

TOTAL . . . . Fr. 281.004 25

Ce relevé général vous a d'ailleurs été envoyé à domicile, mais nous allons vous fournir quelques détails complémentaires.

Capital social.

Le capital social était, au 1er janvier 1927, de 9 millions francs et le nombre des sociétaires de 663.

Notre capital comprend 280.000 francs souscrits par le Conseil général de la Seine et 350.000 francs souscrits par le Conseil municipal de Paris.

Nous avons obtenu du Département de la Seine et de la Ville de Paris deux nouvelles souscriptions de 30.000 et de 50.000 francs ; mais ces sommes ne seront encaissées qu'en 1927 et c'est seulement à ce moment que nous passerons les écritures correspondantes.

Nous adressons nos plus vifs remerciements aux membres des deux Assemblées et en particulier aux deux rapporteurs, MM. Henri Sellier et Émile Desvaux qui nous ont toujours témoigné la plus grande bienveillance.

Immeubles loués.

La Société est propriétaire des cent quatre-vingts immeubles ci-dessous désignés, loués avec promesse d'attribution, ayant entraîné une dépense de 6.931.000 francs, se décomposant ainsi :

Terrains . . . . Fr.	1.063.800	»
Assurances en cas de décès	541.596	»
Constructions (prix moyen 29.500 francs) . . .	5.323.604	»
Fr.	6.931.000	»

à Joinville-le-Pont, avenue des Lilas, n° 33 (domaine de Polangis), d'une contenance de 274 mètres (8 francs le mètre) ;

à Herblay, rue Sainte-Honorine, d'une contenance de 619 mètres (7 francs le mètre) ;

à Choisy-le-Roi, rue Berlioz, n° 4, d'une contenance de 200 mètres (8 francs le mètre) ;

à Joinville-le-Pont (domaine de Polangis), avenue des Lilas, n° 31, d'une contenance de 313 mètres (8 francs le mètre) ;

au Kremlin-Bicêtre, rue de l'Annexion, n° 52, d'une contenance de 209 mètres (7 francs le mètre);

à Suresnes, sente des Nouvelles, d'une contenance de 209 m,50 (4 francs le mètre);

à Villejuif, rue de Thiais, d'une contenance de 166 m,69 (4 francs le mètre);

à Drancy, route des Petits-Ponts, n° 181, d'une contenance de 191 mètres (5 francs le mètre);

à Enghien, rue Alphonse-Haussaire, n° 7, d'une contenance de 203 m,55 (18 francs le mètre);

à Brévannes, 42, route de Sucy-Valenton, d'une contenance de 2.600 mètres (2 francs le mètre);

à Choisy-le-Roi, rue des Frères-Reclus, n° 13, d'une contenance de 130 mètres (4 francs le mètre);

à Bourg-la-Reine, rue des Rosiers, n° 3, d'une contenance de 127 m,60 (10 francs le mètre);

à Vitry-sur-Seine, rue Talma, n° 11, d'une contenance de 320 mètres (10 francs le mètre);

au Kremlin-Bicêtre, rue Étienne-Dolet, n° 11, d'une contenance de 261 mètres (19 francs le mètre);

à Vélizy, rue de Grenelle, n° 17, d'une contenance de 479 m,30 (6 francs le mètre);

à Soisy-sous-Montmorency, rue du Chemin-Vert, 63, d'une contenance de 734 m,50 (5 francs le mètre);

à Clamart, 9, rue Louis-Guespin, d'une contenance de 289 mètres (17 francs le mètre);

à Vitry, rue Arago, 23, d'une contenance de 231 mètres (7 francs le mètre);

à Noisy-le-Grand, 37, rue Richardet, d'une contenance de 633 m,10 (4 francs le mètre);

à Draveil, 8, avenue de Paris, d'une contenance de 950 mètres (6 francs le mètre);

à Vitry-sur-Seine, 17, rue Franklin, d'une contenance de 168 m,28 (20 francs le mètre);

à Villeneuve-le-Roi, avenue Soupault, n° 30, d'une contenance de 480 mètres (15 francs le mètre);

à Sartrouville, rue Franklin, n° 60, d'une contenance de 1.000 mètres (3 francs le mètre);

à Villejuif, Voie-de-Gentilly, d'une contenance de 950 mètres (4 francs le mètre);

à Villejuif, rue Étienne-Dolet, n° 12, d'une contenance de 806 m,60 (5 francs le mètre);

à Deuil, rue de la Chevrette, 136, route de Saint-Denis, d'une contenance de 399 m,70 (10 francs le mètre);

à Fontenay-aux-Roses, route du Plessis, d'une contenance de 330 mètres (12 francs le mètre);

à Montrouge, rue de la Vanne, n° 12, d'une contenance de 238 m,10 (15 francs le mètre);

à Gagny, rue des Sports, d'une contenance de 122 m,83 (10 francs le mètre);

à Villeneuve-le-Roi, avenue de la Faisanderie, n° 49, d'une contenance de 730 mètres (15 francs le mètre);

à Villeneuve-le-Roi, rue Thiers, n° 51, d'une contenance de 381 mètres (16 francs le mètre);

à Asnières, boulevard Voltaire, n° 136 bis, d'une contenance de 283 mètres (23 francs le mètre);

à Malakoff, impasse Paul-Bert, n° 16, d'une contenance de 132 m,08 (23 francs le mètre);

à Gagny, chemin de l'Étoile, d'une contenance de 900 mètres (5 francs le mètre);

à Choisy-le-Roi, rue des Frères-Reclus, n° 23, d'une contenance de 393 mètres (15 francs le mètre);

à Ris-Orangis, route Nationale, n° 93, d'une contenance de 360 mètres (10 francs le mètre);

à Neuilly-sur-Marne, 8, impasse René, d'une contenance de 400 mètres (3 francs le mètre);

à Villeneuve-le-Roi, rue du Coteau, n° 17, d'une contenance de 435 mètres (12 francs le mètre);

au Kremlin-Bicêtre, rue des Panoramas, n° 13, d'une contenance de 331 mètres (9 francs le mètre);

à Villejuif, rue de la Saussaie, n° 40, d'une contenance de 427 mètres (8 francs le mètre);

à Villejuif, rue Raspail, n° 28, d'une contenance de 152 mètres (20 francs le mètre);

à Villejuif, impasse Jean-Jaurès, n° 27, d'une contenance de 389m,33 (10 francs le mètre);

à Issy, 18, rue de Paris, d'une contenance de 259m,75 (16 francs le mètre);

à Neuilly-sur-Marne, 13, rue Foulques, d'une contenance de 361m,28 (7 francs le mètre);

à Nogent-sur-Marne, 51, rue de Plaisance, d'une contenance de 234 mètres (22 francs le mètre);

à Villejuif, rue de la Saussaie, d'une contenance de 391 mètres (12 francs le mètre);

à Fontenay-aux-Roses, 5, chemin du Stand, d'une contenance de 337 mètres (20 francs le mètre);

à Sartrouville, rue des Rosiers, n° 12, d'une contenance de 323 mètres (20 francs le mètre);

à Beauchamp, avenue de Bessancourt, d'une contenance de 791 mètres (7 francs le mètre);

à Beauchamp, avenue de Pierrelaye et boulevard de la Gare, d'une contenance de 700 mètres (10 francs le mètre);

à Villeneuve-le-Roi, 18, rue Ampère, d'une contenance de 360 mètres (8 francs le mètre);

à Villejuif, rue des Villas, d'une contenance de 337 mètres (11 francs le mètre);

à Colombes, 14, rue François-Ier, d'une contenance de 92 mètres (10 francs le mètre);

à Sartrouville, 118, rue Hortense-Foubert, d'une contenance de 851 mètres (8 francs le mètre);

à Asnières, 90, rue Defresne-Bast, d'une contenance de 268 mètres (15 francs le mètre);

à Villejuif, rue de la Saussaie, d'une contenance de 391 mètres (15 francs le mètre);

à Thiais, 7, villa Pasteur, d'une contenance de 496 mètres (11 francs le mètre);

à Villejuif, avenue de la République, d'une contenance de 313 mètres (15 francs le mètre);

à Joinville, avenue Arago, n° 24, d'une contenance de 338 mètres (12 francs le mètre);

à Vitry, avenue de la République, n° 9, d'une contenance de 200 mètres (25 francs le mètre);

à Saint-Maur, rue de Tunis, n° 7, d'une contenance de 210 mètres (20 francs le mètre);

à Nanterre, rue des Alouettes, d'une contenance de 340 mètres (10 francs le mètre);

à Montrouge, rue de la Vanne, d'une contenance de 147 mètres (70 francs le mètre),

à Montrouge, rue de la Vanne, d'une contenance de 147 mètres (70 francs le mètre);

à Eaubonne, impasse Madeleine, d'une contenance de 800 mètres (5 francs le mètre):

à Neuilly-sur-Marne, 13, rue Foulques, d'une contenance de 320 mètres (9 francs le mètre);

à Houilles, chemin des Marinières (rue des Éparges), d'une contenance de 786 mètres (1 francs le mètre);

à Villejuif, avenue de la République, d'une contenance de 282 mètres (*21 francs le mètre*) ;

à Villejuif, 25, rue Damont, d'une contenance de 289 mètres (*20 francs le mètre*) ;

à Villejuif, 25, rue Damont, d'une contenance de 289 mètres (*20 francs le mètre*) ;

à Enghien, 38, rue des Pères, d'une contenance de 293 mètres (*10 francs le mètre*) ;

à Pavillons-sous-Bois, 16, allée Robillard, d'une contenance de 323 mètres (*20 francs le mètre*) ;

à Arcueil, 3, rue du Vieux-Chemin de Villejuif, d'une contenance de 1.000 mètres (*6 francs le mètre*) ;

à Thiais, rue Jean-Jaurès, n° 70, d'une contenance de 371 mètres (*8 francs le mètre*) ;

à Colombes, 8 ter, allée des Sycomores (avenue Madeleine), d'une contenance de 228 mètres (*10 francs le mètre*) ;

à Antony, chemin de Morteaux (sentier de Berny), d'une contenance de 627 mètres (*12 francs le mètre*) ;

à Villeneuve-le-Roi, avenue Béatrice, n° 09, d'une contenance de 621 mètres (*20 francs le mètre*) ;

à Châtenay, rue Sainte-Geneviève, n° 30, d'une contenance de 337 mètres (*30 francs le mètre*) ;

à Romainville, rue Paul de-Kock, n° 20 bis, d'une contenance de 230 mètres (*18 francs le mètre*) ;

à Bourg-la-Reine, rue Élie Le Gallais, n° 14, d'une contenance de 600 mètres (*20 francs le mètre*) ;

à Villebon, rue de Genève, n°   , d'une contenance de 400 mètres (*1 francs le mètre*) ;

à Villejuif, rue de la Saussaie, n° 30, d'une contenance de 401ᵐ 40 (*23 francs le mètre*) ;

à Villejuif, rue de la Saussaie, n° 32, d'une contenance de 409ᵐ 70 (*23 francs le mètre*) ;

à Saint-Maur, avenue Galliéni, n° 38, d'une contenance de 532ᵐ 82 (*10 francs le mètre*) ;

à Viroflay, 21, avenue des Combattants, d'une contenance de 190 mètres (*12 francs le mètre*) ;

à Vitry, avenue de Rouilly, n° 136, d'une contenance de 340 mètres (*18 francs le mètre*) ;

à Vitry, rue Faidherbe, n° 233, d'une contenance de 120 mètres (*25 francs le mètre*) ;

à Antony, avenue François-Molé (place du Paradis) d'une contenance de 1.301 mètres (*1 francs le mètre*) ;

à Montreuil, boulevard Jeanne-d'Arc, n° 58, d'une contenance de 317 mètres (*30 francs le mètre*) ;

à Cachan, avenue Carnot, rue A, n° 8, villa Sinette, d'une contenance de 206ᵐ 31 (*35 francs le mètre*) ;

à Choisy-le-Roi, rue Barthée, n° 37, d'une contenance de 292ᵐ40 (*21 francs le mètre*) ;

à Choisy-le-Roi, rue Payen, n° 7, d'une contenance de 331ᵐ,63 (*19 francs le mètre*) ;

à Villejuif, rue Victor-Hugo, n° 21 bis, d'une contenance de 182ᵐ73 (*33 francs le mètre*) ;

à Joinville, quai de Polangis, n° 60, d'une contenance de 358ᵐ,30 (*11 francs le mètre*) ;

à Bagneux, rue de la Lisette, n° 6, d'une contenance de 214 mètres (*9 francs le mètre*) ;

à Sceaux, boulevard Desgranges, n° 60, d'une contenance de 393 mètres (*6 francs le mètre*) ;

à Villeneuve-Saint-Georges, rue du Château, n° 29, d'une contenance de 503m,10 (11 francs le mètre) ;

à Épinay-sur-Seine, rue des Larrys, n° 31, d'une contenance de 427 mètre (13 francs le mètre) ;

à Bagnolet, rue Michelet, n° 4, d'une contenance de 100 mètres (67 francs le mètre) ;

à Clamart, rue Hébert, n° 51, d'une contenance de 133m,70 (50 francs le mètre) ;

à Choisy-le-Roi, rue de la Paix, n° 3, d'une contenance de 308 mètres (15 francs le mètre) ;

à Villejuif, chemin Rural 53, n° 1, donnant rue du Moulin-Saquet, d'une contenance de 413 mètres (5 francs le mètre) ;

à Clamart, rue Denis-Gogue, n° 61, d'une contenance de 398 mètres (27 francs le mètre) :

à Villejuif, avenue de Vitry, n° 71, d'une contenance de 476m,60 (19 francs le mètre) ;

à Montreuil, rue Desgranges, n° 22, d'une contenance de 151 mètres (30 francs e mètre) ;

à Antony, rue de Reims, n° 46, d'une contenance de 330 mètres (10 francs le mètre) ;

à Bagneux, rue donnant rue d'Arcueil, n° 35, d'une contenance de 274m,01 (25 francs le mètre) ;

à Sceaux, rue de la Marne, n° 23, d'une contenance de 235m,08 (35 francs le mètre) ;

à Thorigny, rue du Temple, n°   , d'une contenance de 768 mètres (7 francs le mètre) ;

à Rosny-sous-Bois, chemin de la Péronne, n° 11, d'une contenance de 741m,28 (5 francs le mètre) ;

à Vitry, rue Constant-Coquelin, n° 83, d'une contenance de 708m,80 (19 francs le mètre) ;

à Orly, allée des Bluets, n° 6, d'une contenance de 558 mètres (6 francs le mètre) ;

à Vitry, rue Alfred-de-Musset, n° 12, d'une contenance de 133m,50 (10 francs le mètre) ;

à Bourg-la-Reine, avenue du Château, n° 10, d'une contenance de 367m,70 (25 francs le mètre) ;

à Villejuif, rue Jean-Jacques-Rousseau, n° 10, d'une contenance de 210m,20 (15 francs le mètre) ;

à Joinville, avenue de l'Ile, n° 72, d'une contenance de 450 mètres (18 francs le mètre) ;

à Villemomble, rue Pascal, n° 1, d'une contenance de 300 mètres (18 francs le mètre) ;

à Sarcelles, rue des Buttes, d'une contenance de 420 mètres (15 francs le mètre) ;

à Saint-Cloud, rue Henri-Regnault, n° 18, d'une contenance de 516 mètres (22 francs le mètre) ;

à Colombes, rue de Villers prolongée, n° 18, d'une contenance de 133m,49 (60 francs le mètre) ;

à Sceaux, rue de Bagneux, n° 11, d'une contenance de 640 mètres (12 francs le mètre) ;

à Puteaux, rue Hoche, n° 19 ter, d'une contenance de 360 mètres (30 francs le mètre) ;

à Puteaux, rue Bernard-Palissy, n° 23 bis, d'une contenance de 270 mètres (23 francs le mètre) ;

à Aubervilliers, rue Nicolas-Lemoine, n° 3 (rue des Entrepreneurs), d'une contenance de 233m,89 (23 francs le mètre) ;

à Fresnes, rue Nouvelle (route de Versailles, n° 31), d'une contenance de 313 mètres (13 francs le mètre) à l'Hay-les-Roses, rue des Saussaies, n° 9, d'une contenance de 231ᵐ 01 (16 francs le mètre);

à l'Hay-les-Roses, voie de Chalais, n° 11 (chemin vicinal n° 3), d'une contenance de 331 mètres (17 francs le mètre);

à Malakoff, Chemin latéral (rue Paul-Bert), n° , d'une contenance de 198ᵐ,15 (38 francs le mètre);

à Cachan, rue des Jardins, n° 25, d'une contenance de 250 mètres (20 francs le mètre);

à Stains, rue de Champchevrier, n° , d'une contenance de 278ᵐ,32 (18 francs le mètre);

à Boulogne, boulevard de la République, n° 51, d'une contenance de 158ᵐ,61 (80 francs le mètre);

à Clamart, allée du Bel-Air, n° 4 (avenue Marguerite-Renaudin, n° 214), d'une contenance de 371ᵐ,20 (53 francs le mètre);

à Vitry, rue de la Somme, n° 2, d'une contenance de 410ᵐ 13 (30 francs le mètre);

à Paris, villa Marceau, n° 6 (rue du Général-Brunet, n°), d'une contenance de 153ᵐ,10 (60 francs le mètre);

à Clamart, rue Nouvelle (avenue Marguerite-Renaudin, n° 216), d'une contenance de 230ᵐ,01 (55 francs le mètre);

à Vitry, rue de Salonique, n° , d'une contenance de 324ᵐ,18 (30 francs le mètre);

à Clamart, allée Beausoleil, n° 10 (avenue Marguerite-Renaudin n° 201), d'une contenance de 231ᵐ 01 (28 francs le mètre);

à Rosny, rue de la Côte-des-Chênes, n° 27, d'une contenance de 433 mètres (30 francs le mètre);

à Rueil, avenue de la République, n° 31, d'une contenance de 377ᵐ,60 (11 francs le mètre);

à Neuilly-sur-Marne, rue du Général-Schmitt, n° 20, d'une contenance de 312 mètres (10 francs le mètre);

à Maisons-Alfort, rue de Tours, n° 10, d'une contenance de 369ᵐ 60 (12 francs le mètre);

à Saint-Denis, rue de Chantilly, n° 8, d'une contenance de 172ᵐ 51 (10 francs le mètre);

à Gennevilliers, avenue Laurent-Cély, n° 93, d'une contenance de 811 mètres (10 francs le mètre);

à Choisy-le-Roi, rue Darthé, n° 32 ter, d'une contenance de 233ᵐ 08 (35 francs le mètre);

à Vanves, rue du Clos-Montholon, n° 4, d'une contenance de 690 mètres (18 francs le mètre);

à Saint-Maur, avenue Didier, n° 23, d'une contenance de 301 mètres (28 francs le mètre);

à Clamart, rue des Roissys, n° 77, d'une contenance de 423ᵐ 20 (30 francs le mètre);

à Sceaux, route de Bourg-la-Reine à Fontenay, n° 63, d'une contenance de 300 mètres (22 francs le mètre);

à Sceaux, route de Bourg-la-Reine à Fontenay, n° 63 bis, d'une contenance de 300 mètres (21 francs le mètre);

à Sceaux, rue Jacquelin, n° 8, d'une contenance de 243 mètres (21 francs le mètre);

à Thiais, rue Louis-Duperrey, d'une contenance de 601ᵐ 50 (12 francs le mètre);

à Clamart, rue de la Gaîté, n° 7, d'une contenance de 661ᵐ 60 (9 francs le mètre);

à Plessis-Bouchard, rue Frédéric-Gaillardet, n° , d'une contenance de 810 mètres (11 francs le mètre);

à Brunoy, rue des Faisans, n° , d'une contenance de 810 mètres (12 francs le mètre);

à Fontenay-aux-Roses, rue des Sablons, n° 36, d'une contenance de 123 mètres (16 francs le mètre);

à Fontenay-aux-Roses, rue de l'Abbé-Grandjean, n° 3, d'une contenance de 118 mètres (8 francs le mètre);

à Maisons-Alfort, rue de l'Avenir, n° 17, d'une contenance de 203ᵐ 16 (20 francs le mètre);

à Maisons-Alfort, rue de Marseille, n° 36, d'une contenance de 297ᵐ 20 (10 francs le mètre);

à Clamart, passage Hévin, n° 15, d'une contenance de 183ᵐ 55 (10 francs le mètre);

à Malakoff, rue Etienne-Dolet, n° 14, d'une contenance de 120ᵐ 84 (50 francs le mètre);

à Orly, allée des Mimosas, n° 5, d'une contenance de 513 mètres (15 francs le mètre);

à Villejuif, avenue de la République, n° 21, d'une contenance de 126ᵐ 61 (35 francs le mètre);

du Perreux, rue de Verdun, n° 63, d'une contenance de 550 mètres (20 francs le mètre);

au Perreux, rue de Verdun, n° 63, d'une contenance de 323 mètres (20 francs le mètre);

à Montgeron, rue des Acacias, n°   d'une contenance de 588 mètres (15 francs le mètre);

à Rosny, rue des Berthauts, n° 41, d'une contenance de 138 mètres (15 francs le mètre);

à Saint-Maur, boulevard Rabelais, n° 11, d'une contenance de 130 mètres (80 francs le mètre);

à Paris, boulevard Mortier, n° 33, d'une contenance de 98 mètres (120 francs le mètre);

à Choisy-le-Roi, rue de la Paix, n° 18, d'une contenance de 430 mètres (19 francs le mètre);

à Antony, route Nationale, n° 113, d'une contenance de 624 mètres (8 francs le mètre);

à Maisons-Alfort, Grande-Rue, n° 111, d'une contenance de 139 mètres (60 francs le mètre);

à Clamart, rue du Plateau, n° 5, d'une contenance de 418 mètres (23 francs le mètre);

à Chelles, rue d'Alger, n° 22, d'une contenance de 470 mètres (18 francs le mètre);

au Kremlin-Bicêtre, impasse des Martinets, (120, rue de l'Hay) d'une contenance de 450 mètres (20 francs le mètre);

à Saint-Maur, boulevard de Créteil, n° 131 bis, d'une contenance de 167 mètres (15 francs le mètre);

aux Lilas, rue de la Liberté, n° 25, d'une contenance de 103 mètres (51 francs le mètre);

à Rosny-sous-Bois, rue Louis-Blanc, n° 06, d'une contenance de 320 mètres (20 francs le mètre);

à Drancy, rue Blzel, n° 50, d'une contenance de 266 mètres (12 francs le mètre);

à Maisons-Alfort, rue de Mulhouse, n° 1, d'une contenance de 132 mètres (52 francs le mètre);

à Maisons-Alfort, rue de Nancy, n° 11, d'une contenance de 320 mètres (36 francs le mètre).

Le capital versé sur les actions possédées par ces cent quatre-vingts actionnaires-locataires s'élevait, au 31 décembre 1926, à 2.039.130 francs.

Immeubles en cours de construction
destinés également à être loués avec promesse d'attribution.

La Société possédait 29 immeubles en cours de construction, pour lesquels elle avait déjà déboursé 567.287 fr. 50 c.

L'insuffisance des sommes mises à notre disposition par l'État : 1.380.000 francs en 1925, 1.700.000 francs en 1926, contre 4.205.000 francs en 1924, a occasionné une diminution sensible du nombre des opérations engagées et cependant la Commission d'attribution accordait à certaines Sociétés, notamment fin 1925, des sommes excédant de beaucoup leurs besoins.

Le taux d'intérêt exigé par l'État ayant été porté de 2 0/0 à 3,50 0/0, ainsi que nous l'avons annoncé à l'Assemblée dernière, ces Sociétés ainsi avantagées, disposent encore de fonds obtenus à 2 0/0 alors que notre Société a déjà absorbé, et depuis long-temps, les 1.400.000 francs qui lui ont été prêtés à 3,50 0/0.

C'est la démonstration, sans aucune contestation possible, de la légitimité des protestations que nous avions adressées, sans succès d'ailleurs, à la Commission d'attribution des prêts, à la Caisse des dépôts et consignations et au Ministère du Travail.

Mais, chose singulière, cette mauvaise répartition des fonds, par la Commission d'attribution des prêts, vient d'être consacrée et aggravée de la manière suivante :

En vertu de l'article 10 du décret du 28 août 1908, les Sociétés emprunteuses doivent justifier de l'emploi, dans le délai d'une année, des sommes mises à leur disposition par l'État, la fraction du prêt non employée étant annulée à l'expiration de ce délai d'une année.

Or, en vertu d'un décret en date du 9 février 1927, un délai complémentaire de six mois pourra être accordé pour la réalisation des prêts consentis par l'État antérieurement à la loi du 30 janvier 1926, c'est-à-dire à 2 0/0, aux Sociétés de crédit immobilier qui justifieront avoir besoin de cette prorogation pour satisfaire aux engagements qu'elles auraient pris envers leurs propres emprunteurs.

Et le point de départ de ce délai complémentaire part seulement de la date du décret ce qui, en fait, porte à 250 jours le délai complémentaire accordé.

Nous n'ajouterons aucun commentaire et nous aimons à croire que si le Comité permanent du Conseil supérieur des H. B. M. avait été exactement renseigné, il n'aurait pas émis un avis favorable à la mesure qui lui était soumise.

Une délégation du Groupe parlementaire de l'Habitation et de la Commission d'Assistance et de Prévoyance sociales a récemment demandé à M. le Président du Conseil que le taux de 3,50 0/0 soit abaissé et ramené à ce qu'il était avant février 1927, c'est-à-dire à 2 0/0, en tenant compte notamment de la baisse générale du taux d'intérêt de l'argent.

Le taux ne sera certainement pas ramené à 2 0/0, mais il pourrait être fixé à 2,50 ou 3 0/0.

Ne serait-il pas possible de décider en même temps que la mesure s'appliquerait également aux prêts consentis depuis février 1927 ?

Caisse.

Les espèces en caisse s'élevaient à 2.100 fr. 15 c.

Chèques postaux.

Notre compte de chèques postaux n° 6878 présentait un solde de 63.820 fr. 05.

Crédit Municipal de Paris.

Le solde de notre compte n° 2027 d'après notre Comptabilité s'élevait à . . . . Fr. 23.073 05
Mais ce solde doit être augmenté de 10.568 10
montant de 5 chèques délivrés par nous fin décembre et que les bénéficiaires n'ont encaissés que dans les premiers jours de 1927.
et de . . . . 610 »
montant de 3 versements de sociétaires dont nous n'avons été avisés qu'en 1927.

TOTAL . . . . . Fr. 34.251 15
Nous devons en déduire 16.020 50
montant de quatre virements encaissés par le Crédit Municipal seulement en 1927.

Le reste, soit . . . . Fr. 17.030 65
est égal au chiffre indiqué par le Crédit Municipal.

Caisse d'Épargne de Paris.

Notre livret de la Caisse d'Épargne de Paris n° 92862 présentait un solde de 4.707 fr. 05 c.

Caisse des Dépôts et Consignations.

Nos disponibilités à la Caisse des Dépôts et Consignations s'élevaient à 2.968 fr. 50 c., solde de notre compte de dépôts au crédit duquel sont inscrits les revenus des valeurs mobilières que nous avons déposées dans les caisses de cet Établissement.

Les prélèvements faits en cours d'année sur ce compte, par l'intermédiaire du Crédit Municipal de Paris, ont été portés au crédit du compte « *Loyers et Intérêts* » ainsi que le solde ci-dessus.

Prêts hypothécaires.

A la fin de l'exercice écoulé nous avions déjà consenti deux cent quatre-vingt sept prêts hypothécaires d'ensemble 9.542.700 francs (8.426.700 francs prêtés à 3 0/0 et 1.116.000 francs prêtés à 4,50 0/0) sur lesquels il nous restait à investir 680.102 francs comprenant :

1° 305.458 fr. 55 c., chiffre qui constitue le solde du compte « *Ouvertures de crédit* », concernant des constructions en cours ;

2° 314.643 fr. 45 c. représentant les sommes restant dues à divers entrepreneurs sur des constructions achevées ; cette somme constitue pour partie le solde du compte « *Créanciers divers* ».

Sur les 9.542.700 francs prêtés, 987.517 fr. 90 c. nous avaient été remboursés.

Les 9.542.700 francs ont été affectés jusqu'à due concurrence aux dépenses de construction et au paiement des primes d'assurance en cas de décès et des frais des actes notariés.

Le prix de revient des opérations ainsi réalisées est le suivant :

Terrains . . . . Fr.	2.021.000	»
Assurances en cas de décès	1.012.714	»
Constructions prix moyen 40.100 francs . . .	11.525.255	»
Ensemble. . .	14.559.869	»

Immeubles attribués.

Les immeubles Bélujon, Marcel Bernard, Chaumeil, Greslat, Herbert, Mouret, Noël, Verdeille et Zutterling ont été attribués au cours de l'exercice, ce qui porte le nombre des attributions faites depuis la fondation de la Société à 123, représentant une valeur de 1.387.300 francs.

Ces opérations ne figurent plus dans notre comptabilité.

Immeuble collectif

destiné aux familles nombreuses dont le chef ferait partie, en qualité d'ouvrier, d'agent ou d'employé, du personnel de la Ville de Paris (Préfecture de la Seine et Préfecture de Police).

L'article 57 de la loi du 5 décembre 1922 stipule que les communes peuvent consentir des subventions spéciales aux Sociétés d'habitations à bon marché construisant des immeubles principalement affectés à des logements pour familles comprenant plus de trois enfants âgés de moins de 16 ans.

Les subventions ainsi attribuées peuvent être accordées pour une durée n'excédant pas dix-huit années à dater de l'achèvement de la construction.

Elles ne peuvent excéder annuellement un pour cent du prix de revient de l'immeuble.

Elles doivent être intégralement employées à la réduction des loyers des logements susvisés.

D'autre part, il est dit à l'article 58, qu'il pourra être accordé par l'État des subventions aux Sociétés d'habitations à bon marché qui construiront des maisons à bon marché destinées à être louées aux familles ci-dessus désignées.

Votre Conseil d'administration vous demande de l'autoriser, à construire, dans les conditions précitées, sur le terrain que la Société possède à Paris, 139, avenue Émile-Zola, une maison d'habitation à bon marché, comprenant des logements exclusivement destinés à des familles ayant plus de trois enfants âgés de moins de 16 ans.

Nous avions projeté d'édifier sur ce terrain un immeuble comprenant des logements dont le locataire serait devenu propriétaire dans les mêmes conditions que pour les maisons individuelles; mais le législateur n'ayant pas encore étendu à ce genre d'opérations le bénéfice de la loi du 5 décembre 1922, nous nous voyons dans la nécessité de renoncer à l'exécution de ce projet.

Nous affecterions à la nouvelle opération projetée :

1° Le terrain qui figure à notre bilan pour 34.500 francs, chiffre inférieur à sa valeur réelle ;

2° Une somme de 50.000 francs à prélever sur notre réserve extraordinaire.

L'État devant participer pour un tiers de la dépense, nous n'aurions à emprunter que le complément à la Caisse des Dépôts et Consignations, soit les deux tiers de la dépense totale diminués de 84.500 francs.

Cet emprunt, productif d'un intérêt de 3,50 0/0 serait amortissable en 40 ans.

Quant au prix annuel de location des logements qui se composeraient de quatre pièces habitables, cabinet de toilette, cuisine et W. C., et qui, légalement, pourrait être fixé à 1.572 francs, il ne dépasserait pas 1.200 francs pendant les dix-huit premières années, grâce à la subvention annuelle que la Ville de Paris n'hésitera pas à nous accorder, étant entendu que les logements en question seront exclusivement réservés aux familles nombreuses dont le chef ferait partie, en qualité d'ouvrier, d'agent ou d'employé du personnel de la Ville de Paris (Préfecture de la Seine et Préfecture de Police).

La condition relative au nombre d'enfants se posera seulement au moment de l'attribution du logement.

L'étude financière que nous avons faite nous permet d'escompter un revenu d'au moins 4 0/0 sur les 84.500 francs que nous aurons investi dans l'opération, la location de la boutique pouvant être consentie à un taux extrêmement rémunérateur.

Nous espérons que vous voudrez bien ratifier cette proposition ; vous donnerez ainsi aux Pouvoirs publics une preuve tangible de votre reconnaissance pour l'aide qui vous a été accordée par l'État en vue de vous permettre de posséder une habitation familiale.

Et, à votre tour, vous aurez rendu un service appréciable à des camarades ayant la charge d'une famille nombreuse et se trouvant dans l'impossibilité absolue de constituer le cinquième, et même le dixième, de la somme indispensable pour l'édification d'une maison individuelle.

Aucune dépense de construction ne serait engagée tant qu'un accord complet ne serait pas intervenu entre notre Société, l'État, la Ville de Paris et la Caisse des Dépôts et Consignations.

Subventions.

Le Conseil Municipal de Paris et le Conseil Général de la Seine nous ont accordé deux subventions d'encouragement de 500 francs. Nous renouvelons nos plus sincères remercîments aux membres de ces deux Assemblées.

Portefeuille indisponible.

Les valeurs mobilières possédées par la Société au 31 décembre 1926 et représentées par des récépissés de dépôt à la Caisse des Dépôts et Consignations sont ci-après énumérées.

Elles figurent à notre bilan pour une somme totale de 591.622 fr. 20 c.

1° Obligations de la Ville de Paris :

4 obligations 1871	331.270 472.854 989.469 1.007.628
4 obligations 1919	2.792.157 à 2.792.160
4 obligations 1921	36.113 à 36.116

Ces titres qui figurent au bilan pour 4.418 francs, servent de garantie à la Caisse des Dépôts et Consignations pour les 92.500 francs que nous restons devoir à cet établissement; cette garantie ne peut être inférieure à 2 0/0 du montant des prêts.

2° Nous avions également déposé les valeurs suivantes en garantie des prêts qui nous ont été consentis par la Caisse Nationale des Retraites :

130 obligations à lots du Crédit National 1919 3 0/0 :

556.201				4.567.719		
886.211	et	212		4.903.274	à	277
1.667.172	et	173		5.050.035	à	037
1.889.384	et	385		5.345.373	à	381
2.318.743	à	746		5.345.415	à	425
2.527.144	à	146		5.773.191	à	193
2.565.585	à	589		5.999.996	à	6.000.000
2.803.778	à	791		6.049.639		
2.927.296	à	315		7.616.250	à	261
3.356.192				7.693.593	et	594
3.378.665				7.693.709	à	731
4.527.966						

Valeur d'achat 56,253 francs.

130 obligations à lots Crédit National 1920 5 0/0 :

1.196.598	et	599		3.087.042	à	046
1.493.328	à	350		4.002.310	à	344
1.569.508	à	527		4.002.485	à	489
1.569.633	à	637		4.363.125	à	132
1.965.655	à	664		4.981.142		
2.392.856				7.054.133	à	142
2.485.625	à	634		7.127.866	à	877
2.649.326	à	335		7.894.787	à	789

Valeur d'achat 61.314 francs.

130 bons à lots Crédit National 1921 6 0/0 :

302.579	à	582		4.086.298	et	299
485.446	à	448		4.088.866	à	868
552.406	à	409		4.134.166	à	170
552.411				4.302.982		
2.102.387				4.413.885	et	886
2.283.869	et	870		4.650.042		
2.283.891	à	894		4.413.885	et	886
2.402.411				4.820.440	et	441
2.485.000				4.966.861	à	872
2.510.706				4.986.222	et	223
2.532.530	et	531		5.099.565	et	566
2.638.247	et	248		5.256.074	à	077
2.912.212	et	213		5.329.893	et	894
3.062.099				5.354.671	à	688
3.126.595				5.452.513	et	514
3.127.200	et	201		5.569.244		
3.329.859	et	860		5.607.547	à	556
3.583.403	à	405		5.886.173	à	175
4.038.598	à	617				

Valeur d'achat 64.161 francs.

130 bons décennaux Crédit National février 1922 6 0/0 :

3.795.253	à	270		3.795.477	à	480
3.795.278	à	334		3.795.497	à	516
3.795.362	à	386				

Valeur d'achat 64.710 francs.

130 bons décennaux Crédit National juillet 1922 6 0/0 :

451.651				2.446.130	à	135
825.627				2.519.716	à	721
854.957	à	960		2.640.191	à	207
914.485	et	486		4.518.416		
924.694	à	711		5.216.120	à	129
1.274.040	à	043		5.217.971	et	972
1.281.660				5.406.833	à	841
1.283.762	et	763		5.958.355		
1.699.381	à	392		6.359.011		

Valeur d'achat 65.434 francs.

260 bons à lots Crédit National 6 0/0 janvier 1923 :

526.623	et	624		3.953.944	à	948
1.082.248				4.218.406	à	420
1.279.566	et	567		4.218.463	à	481
1.566.331				4.368.631	et	632
1.663.583				5.270.957	à	961
2.348.559	à	573		5.322.380	à	387
2.642.024				5.483.401	à	530
2.642.029	à	043		5.641.601	à	618
2.810.841	et	842		5.861.048	à	058
2.838.456				5.906.673	et	674
3.111.344				5.977.068	à	070

Valeur d'achat 108.152 francs.

130 bons Crédit National 6 0/0 juin 1923 :

717.907	à	912		2.582.824	à	828
1.013.109	à	115		2.968.247	à	279
1.667.716				3.484.422	à	419
1.742.830	à	833		3.706.087	à	090
1.757.479	à	516		3.977.636	à	639

Valeur d'achat 51.478 francs.

260 obligations à lots Crédit National 6 0/0 1924 :

491.431	à	135		2.270.088	à	090
502.995				2.521.105	à	110
576.407				2.582.777	et	778
576.410	à	434		2.582.787	et	788
576.480	à	487		2 639.221		
576.501	à	549		2.810.870	à	885
1.709.901	à	1.710.000		3.046.538		
1.887.796	à	802		3.152.806	à	835
2.000 843	à	818		3.212.206		
2.206.084				3.212.218		

Valeur d'achat 90.706 francs.

2.520 francs rente 6 0/0 1920

Valeur d'achat 24.996 fr. 20 c.

La valeur d'ensemble de ces titres, au cours de la Bourse, a sensiblement augmenté depuis l'an dernier; elle dépasse actuellement leur valeur d'achat de plus de 40.000 francs.

Dans ces conditions, nous croyons devoir supprimer la provision spéciale de 67.000 francs que nous avions constituée en vue de compenser la dépréciation qui s'était produite au cours des dernières années.

Ces 67.000 francs seront inscrits à la réserve extraordinaire.

Au début du présent exercice nous avons fait acheter de nouvelles valeurs par la Caisse des Dépôts et Consignations, pour une somme de 123.530 fr. 35 c. :

130 obligations Crédit National 5 0/0 1919 :

353.507	à	525		3.874.903		
1.030.151				3.874.954	à	964
1.809.870				3.911.486		
2.022.976	à	979		4.123.714	à	717
2.308.299				5.165.495	à	500
2.308.748				5.180.801	à	831
2.462.374	et	375		5.180.849		
2.578.550	et	551		5.180.851	à	853
2.932.450				5.621.289	à	302
2.932.452	et	453		5.621.317	et	318
3.053.997	à	999		5.702.306		
3.054.001				6.338.606	et	607
3.511.831	à	836		6.610.792	et	793
3.658.246	et	247		6.611.033		
3.718.511				6.686.397		
3.793.722				7.545.380		

130 obligations Crédit National 5 0/0 1920 :

201.365	à	369		3.671.331	et	332
237.902				3.810.012	et	013
888.306				3.870.589		
1.068.570	à	574		3.922.682	et	683
1.250.816	et	817		4.138.101	à	116
1.250.820	et	821		4.332.762	et	763
1.330.727	et	728		4.443.646	à	649
1.601.082				4.981.460	à	464
2.059.193				5.119.625	à	627
2.175.105				5.372.500	à	525
2.218.568	à	570		5.515.005	à	009
2.332.900				6.271.214		
2.503.580				6.053.825	et	826
2.930.851				6.883.313	à	317
2.986.565	et	566		7.263.731		
3.029.116				7.357.122		
3.029.179				7.429.502	à	504
3.030.235	et	236		7.474.436		
3.110.897	à	900		7.487.895	et	896
3.603.430	à	432		7.740.701	à	707
3.666.518	et	519				

50 obligations Crédit National 6 0/0 1924 :

867.169	à	182		2.221.592	à	599
1.131.245	et	246		2.459.972		
1.263.145				3.236.121	à	143
1.505.855						

Leur valeur actuelle dépasse leur prix d'achat de 6.000 francs.

Le prix total d'achat de nos valeurs indisponibles s'élève donc à 715.452 fr. 55 c. représentant l'emploi des 630.000 francs d'actions souscrites par la Ville de Paris et le Département de la Seine et l'emploi d'une somme de 85.112 fr. 55 c. prélevée sur nos réserves.

Portefeuille disponible.

Nous possédions également 370.000 francs en bons de la Défense Nationale, à différentes échéances, déposés aussi à la Caisse des Dépôts et Consignations, mais libres de toute affectation au profit de nos prêteurs.

Emprunts.

I. — Au 31 décembre 1926, le montant de notre dette à 3,25 0/0 envers la Caisse des Dépôts et Consignations s'élevait à 92.500 francs.

Nous avons remboursé en 1926 24.000 francs montant de l'échéance du 1er février et 10.500 francs lors de l'attribution des immeubles Bélujon, Chaumeil, Noël, Greslai et Zutterling.

Voici le tableau d'amortissement de ces 92.500 francs :

1er février 1927.	. .	21.500 francs.	1er février 1930.	. .	16.000 francs.
— 1928.	. .	29.500 —	— 1931.	. .	10.500 —
— 1929.	. .	15.000 —			

II. — En ce qui concerne l'emprunt de 1905 contracté avec la Caisse d'Épargne de Paris, il est complètement amorti.

III. — Sur les 13.088.000 francs prêtés par la Caisse Nationale des Retraites (11.388.000 antérieurement à 1926 à 2 0/0, 300.000 francs en 1926 à 2 0/0 et 1.400.000 francs en 1926 à 3,50 0/0), nous avions remboursé à cette dernière date 797.200 francs.

Les 12.290.800 francs restant dus sont exigibles aux dates ci-dessous :

31 mars 1927	. . .	184.400 francs.	31 mars 1935	. . . 224.200 francs.
30 sept. —	. . .	192.000 —	30 sept. —	. . 249.600 —
31 mars 1928	. . .	189.800 —	31 mars 1936	. . . 231.400 —
30 sept. —	. . .	198.600 —	30 sept. —	. . . 257.800 —
31 mars 1929	. . .	196.400 —	31 mars 1937	. . . 238.200 —
30 sept. —	. .	204.400 —	30 sept. —	. . . 266.400 —
31 mars 1930	. . .	202.200 —	31 mars 1938	246.200 —
30 sept. —	. . .	211.400 —	30 sept. 1938	. . . 276.200 —
31 mars 1931	. . .	208.200 —	31 mars 1939	. . . 249.000 —
30 sept. —	. . .	218.000 —	30 sept. 1939	. . . 285.200 —
31 mars 1932	. . .	215.600 —	31 mars 1940	. . . 257.400 —
30 sept. —	. .	225.400 —	30 sept. —	. . . 295.200 —
31 mars 1933	. . .	222.400 —	31 mars 1941	. . . 266.000 —
30 sept. —	. . .	233.400 —	30 sept. —	. . 305.200 —
31 mars 1934	. . .	217.000 —	31 mars 1942	. . . 274.400 —
30 sept. —	. . .	211.400 —	30 sept. —	. . . . 315.200 —

31 mars 1913	. . .	283.400 francs.	30 sept. 1917	. . .	351.200 francs.
30 sept. —	. . .	326.400 —	31 mars 1918	. . .	305,200 —
31 mars 1914	. . .	282.800 —	30 sept. —	. . .	323.400 —
30 sept. —	. . .	337.000 —	31 mars 1919	. . .	277.000 —
31 mars 1915	. . .	292.200 —	30 sept. —	. . .	214.000 —
30 sept. —	. . .	349.200 —	31 mars 1950	. .	155.000 —
31 mars 1946	. . .	301.400 —	30 sept. —	. . .	99.000 —
30 sept. —	. . .	360.000 —	31 mars 1960	. . .	60.200 —
31 mars 1917	. . .	307.000 —	30 sept. —	. . .	64.400 —

Un nouveau contrat de prêt de 2 millions de francs a été signé en janvier dernier et une demande complémentaire de 4 millions est actuellement soumise à l'examen de la Commission d'attribution des prêts.

Créanciers divers.

Ce compte présente un solde de 504.496 fr. 80 c. :

Dépôts.

Le compte Dépôts présente un solde créditeur de 464.085 fr. 65 c. représenté par nos disponibilités qui s'élevaient à 466.079 francs.

Frais généraux.

Voici le détail des frais généraux payés par la Société en 1920 :

Impressions diverses, papeterie . . . . Fr.	3.096	75
Journal Officiel, Musée social, Société française H. B. M., Fédération, Congrès.	490	»
Loyer, chauffage, éclairage, téléphone, concierge, assurance contre l'incendie	3.824	40
Timbres-poste, timbres-quittances, frais de chèques postaux, papier timbré	2.092	65
Dépenses du Conseil d'administration.	4,563	50
Administration.	27.150	»
Frais d'administration et de contrôle payés à la Caisse des Dépôts et Consignations	5.305	60
ENSEMBLE . . . . Fr.	46.522	90

Mais le compte ne présente qu'un solde de 43.070 fr. 90 c., car une somme de 3.452 francs a été mise à la charge des sociétaires-locataires, pour frais d'administration statutaires au taux de 0,10 0/0 de la valeur de l'immeuble, avec maximum de 20 francs.

L'Assemblée avait mis à notre disposition un crédit de 40.000 francs, inférieur de 3.700 fr. 90 c. aux dépenses effectuées ; mais si l'on tient compte des 5.305 fr. 60 c. payés à la C. D. C. pour frais d'administration et de contrôle, on enregistre une économie de 2.231 fr. 70 c.

Les 5.305 fr. 60 c. payés à la C. D. C. constituent une charge nouvelle que les Sociétés ont maintenant à supporter en conformité des articles 31 de la loi du 30 janvier 1926 et 214 de la loi de finances du 29 avril 1926.

Cette redevance a été fixée à 0,05 0/0 pour les prêts de l'Etat antérieurs au 30 janvier 1926 et à 0,10 0/0 pour les prêts postérieurs à cette date.

Elle est calculée sur le solde restant dû au 1er janvier de chaque année.

Pour l'année 1927, elle s'élève à 6.845 fr. 40 c.

Nous vous demanderons de mettre à la disposition du Conseil d'administration une somme de 55.000 francs pour l'exercice courant.

Résultats de l'Exercice social.

En résumé, Messieurs, les résultats de l'exercice nous permettent de vous proposer la répartition suivante :

Réserve légale.	Fr.	10.161 95
Dividende 4 0/0.		102.167 »
Bonifications pour charges de famille.		17.000 »
Réserve extraordinaire.		73.910 75
Total.	Fr.	203.239 70

Et, après cette répartition, la Société disposera des réserves ci-dessous :

Réserve légale.	Fr.	32.877 25
Réserve extraordinaire.		248.127 »
la réserve spéciale pour dépréciation des valeurs indisponibles se trouvant supprimée.		
Total.	Fr.	281.004 25

Emploi des Réserves.

Ces 281.001 fr. 25 c. de réserves sont actuellement représentés :

Pour 34.500 francs par le terrain de Paris ;

Et pour 85.128 fr. 55 c. par une partie des valeurs immobilières indisponibles déposées à la Caisse des Dépôts et Consignations.

Quant au solde de 161.351 fr. 70 c., il a été utilisé par nous pour suppléer, jusqu'à due concurrence, à l'insuffisance des avances qui nous étaient consenties par l'État.

Nous venons de vous proposer de participer pour 50.000 francs à l'édification d'un immeuble collectif pour familles nombreuses.

Et nous vous proposons également d'affecter une même somme de 50.000 francs à la constitution d'une caisse d'avances destinée à aider exceptionnellement les sociétaires particulièrement intéressants pour le versement du cinquième exigé par la loi ; mais seulement jusqu'à concurrence de moitié au maximum.

Pour profiter de cette faveur, les intéressés devront présenter une demande spéciale, accompagnée de toutes les justifications utiles, pour permettre au Conseil d'administration de prendre une décision motivée.

Si ces deux propositions sont acceptées par l'Assemblée, la partie des réserves n'ayant aucune affectation spéciale, sera ainsi ramenée à 61.351 fr. 70 c. ; elle pourra, si les circonstances le permettent, être employée en valeurs mobilières.

Taux du Dividende.

En ce qui concerne le taux du dividende, nous vous informons qu'un décret, en date du 2 février 1927, publié au *Journal Officiel* du 4 février, vient de modifier la disposition de l'art. 10 (2º) du décret du 10 janvier 1907 qui limitait à 4 0/0 au plus les dividendes des Sociétés d'habitations à bon marché.

Désormais, les Sociétés d'habitations à bon marché, aussi bien que les Sociétés de Crédit immobilier, pourront servir à leurs actionnaires un dividende de 6 0/0 au maximum.

Nous avons tout lieu de penser que les résultats de l'exercice en cours nous permettront de distribuer un dividende supérieur à 4 0/0.

Modifications aux Statuts.

Par dépêche du 8 décembre 1926, M. le Ministre du Travail a bien voulu nous informer que le Comité permanent du Conseil supérieur des H.B.M., saisi des modifications aux statuts votées par l'Assemblée générale du 7 mars 1926, avait émis un avis favorable à leur approbation, sauf en ce qui concerne l'article 17.

Le nouvel article 17 avait pour objet de dispenser certains de nos sociétaires de s'adresser à la Caisse auxiliaire de Prêts du Département de la Seine, dont le mode de fonctionnement coûteux et particulièrement délicat, ne paraît pouvoir se concilier avec les statuts des Sociétés coopératives ; seuls, les adhérents des Sociétés de Crédit immobilier peuvent utilement s'adresser à cette Caisse auxiliaire pour obtenir une avance leur permettant de constituer partie du cinquième exigé par la loi.

En remplacement de la modification statutaire qui n'a pas été agréée par le Ministère, nous venons de vous proposer la création d'une Caisse d'avances dotée de 50.000 francs prélevés sur la réserve.

Toutes les autres modifications statutaires votées l'an dernier se trouvaient donc régularisées.

Mais dans la dépêche précitée M. le Ministre du Travail nous faisait également connaître que le Comité permanent avait estimé que la Société aurait avantage à distraire certaines dispositions de ses statuts pour les insérer dans un réglement intérieur et à adopter le texte des nouveaux statuts-types que le Comité permanent venait d'élaborer et qui nous avaient été communiqués par une circulaire du 10 juin 1926.

M. le Ministre ajoutait :

« *Je ne puis, en l'espèce, que me ranger à l'avis émis par le Comité permanent du Conseil supérieur des habitations à bon marché et vous prier de me retourner, modifiés suivant les indications qui précèdent, les exemplaires ci-joints des statuts de la Société.* »

Votre Conseil d'administration a pensé qu'il devait vous inviter à donner satisfaction à la demande du Ministre.

Nous vous demanderons donc de modifier les statuts en acceptant intégralement les nouveaux statuts-types acceptés par le Conseil supérieur des habitations à bon marché.

Quant aux dispositions particulières figurant actuellement dans nos statuts, elles conserveront toute leur force, tout en faisant seulement l'objet d'une réglementation intérieure.

Bénéficiaires de la Législation des habitations à bon marché.

Au cours de l'Assemblée générale du 7 mars 1926, nous avions assez vivement critiqué les circulaires ministérielles des 14 avril 1925, 10 novembre 1925 et 26 février 1926, et nous avions déclaré que nous nous conformerions aux injonctions qu'elles contenaient ; mais nous ajoutions :

« *Nous voulons espérer qu'après une étude plus approfondie l'autorité supérieure voudra bien, ou les rapporter, ou tout au moins en atténuer la rigueur.* »

Une modification est intervenue.

Depuis le relèvement par l'article 31 de la loi du 30 janvier 1926 du taux d'intérêt des avances de l'État, porté de 2 0/0 à 3,50 0/0 faisant suite a relèvement, par l'article 321 de la loi du 13 juillet 1925, des maxima de valeurs locatives, prévus pour les Habitations à Bon marché — *relevé devenu insuffisant d'ailleurs* — les adhérents des organismes d'habitations à bon marché ont à faire face à des annuités beaucoup plus lourdes que par le passé ; après avoir examiné cette situation, la Commission d'attribution des prêts a reconnu qu'en bien des cas le paiement de ces annuités dépasserait les facultés des personnes non assujetties à l'impôt général sur le revenu et a estimé qu'il n'était plus possible de maintenir les directives qui avaient fait l'objet des circulaires des 14 avril et 10 novembre 1925.

Et le 16 juin 1926, M. le Ministre du Travail, de l'Hygiène, de l'Assistance et de la Prévoyance sociales signait une nouvelle circulaire grâce à laquelle sont considérées désormais comme admissibles les demandes d'emprunteurs assujettis à l'impôt sur le revenu, à la condition que leur revenu total ne dépasse pas de plus de 5.000 francs le montant du revenu non imposable, compte tenu des abattements pour charges de famille.

Nous n'hésitons pas à déclarer que cette quotité de 5.000 francs est trop basse ; elle devrait être élevée à 8.000 francs.

Par ailleurs, préoccupée de l'importance des besoins de logements que révèlent les demandes d'avances dont elle était saisie, la Commission a considéré qu'il y avait lieu d'attribuer les crédits qu'elle avait à répartir à ceux qui se sont imposé la charge de fonder et d'élever une famille, c'est-à-dire aux familles nombreuses et aux jeunes ménages, par préférence aux célibataires et aux ménages sans enfant, des dérogations pouvant être admises pour les cas particulièrement dignes d'intérêt et notamment en faveur des mutilés.

Dons.

Au cours de l'Assemblée générale du 29 mars 1925, nous vous avions fait connaître que notre ancien sociétaire, M. GATTEFOSSEY, nous avait adressé une nouvelle souscription de cinq actions entièrement libérées, dont le revenu annuel devait être porté au crédit du compte du sociétaire ayant le plus grand nombre d'enfants âgés de moins de 16 ans.

Aujourd'hui, nous avons le plaisir de vous annoncer que deux autres sociétaires, M. GRESLAT, Commissaire de surveillance, et M. Marcel BERNARD, qui se sont libérés par anticipation, nous ont remis une même somme de 500 francs à titre définitif.

Ces 1.000 francs feront l'objet de deux souscriptions de chacune cinq actions, immatriculées au nom de notre Société et dont le revenu ira également à deux sociétaires chargés d'enfants.

Chaque année, trois de nos sociétaires recevront donc un petit cadeau.

Nous renouvelons à MM. GRESLAT et Marcel BERNARD les remerciements que nous leur avons adressés en votre nom et les assurons de notre affectueuse sympathie.

J'en aurai terminé en vous disant, Messieurs, que depuis le 1er janvier 1927, nous avons engagé 30 opérations nouvelles et que nous avons payé pour travaux et primes d'assurance en cas de décès plus de 800.000 francs.

Dans ces 800.000 francs se trouvent compris 500.000 francs reçus de la C. D. C., à valoir sur les 2.000.000 de francs qui nous ont été prêtés en janvier dernier.

M. GRESLAT, Commissaire de surveillance, donne ensuite lecture de son rapport.

RAPPORT DE MM. GRESLAT ET MOULIÉRAT

Commissaires de Surveillance.

MESDAMES, MESSIEURS,

Conformément au mandat que vous nous avez confié, nous ayons procédé à la vérification des comptes et livres de la Société.

L'examen de ces documents nous a permis d'en constater l'exactitude, ainsi que la parfaite concordance des chiffres y figurant avec ceux portés au bilan qui vous a été adressé et dont les détails viennent de vous être communiqués.

Nous vous proposons, en conséquence, de donner votre approbation complète, tant aux comptes qui vous sont soumis qu'à la répartition suivante qui vous est proposée par le Conseil d'administration :

Réserve légale . . . . Fr.	10.161	95
Dividende 4 0/0	102.167	»
Bonifications pour charges de famille .	17.000	»
Réserve extraordinaire	73.910	75
Total. . . . Fr.	203.239	70

Signé : Greslat, Mouliérat.

Apports immobiliers.

M. Barrieu donne ensuite lecture du rapport établi par lui relatif aux apports immobiliers suivants faits à la Société au cours de 1926, suivant actes dressés par Me Bourdel, notaire à Paris :

le 13 octobre, apport par M. Lépan, de 110 mètres, rue de la Mutualité, à Sceaux, en échange de 33 actions.

le 8 décembre, apport par M. Sore, de 112^m,53, avenue Denis-Lassoy, à Courbevoie, en échange de 110 actions ;

le 8 décembre, apport par M. Piétri, de 120 mètres, avenue Marcelin-Binet, à La Garenne-Colombes, en échange de 47 actions ;

le 18 décembre, apport par M. Collière, de 106^m,15, rue Delayrac, 40 *ter*, à Fontenay-sous-Bois, en échange de 37 actions ;

le 18 décembre, apport par M. Bouchaud, de 205 mètres, rue Marcel-Bourguignon, à Colombes, en échange de 40 actions ;

le 20 décembre, apport par M. Bacle, de 136 mètres, rue de Villejuif, à Vitry, en échange de 83 actions ;

le 31 décembre, apport par M. Fabre, de 210^m,88, villa Gloriette, à Pierrefitte, en échange de 140 actions ;

le 31 décembre, apport par M. J. Girard, de 296^m,90, rue de Lyon, 31, à Maisons-Alfort, en échange de 40 actions ;

le 31 décembre, apport par M. MARTEAU, de 000 mètres, rue du Docteur-Tourasse, Saint-Maur, en échange de 80 actions ;

le 31 décembre, apport par M. THÉVENET, de 673m,58, chemin de Rungis (G. C. 64), à Orly, en échange de 113 actions.

Nous vous demandons de ratifier ces apports.

Signé : BARRIEU.

RÉSOLUTIONS

Après l'échange de différentes observations, les résolutions suivantes sont successivement soumises à l'Assemblée et adoptées à l'unanimité.

I. — L'Assemblée reconnaît sincères et véritables les déclarations de souscriptions et de versements qui ont permis de porter le capital social à 9.000.000 de francs, représenté par 90.000 actions de 100 francs souscrites par 663 sociétaires.

II. — L'Assemblée déclare ratifier les apports de terrains énoncés dans le rapport de M. BARRIEU et la délivrance des actions remises aux intéressés.

III. — L'Assemblée désigne MM. GOUVE et BARRIEU, qui acceptent, pour vérifier les apports immobiliers qui pourront être faits à la Société au cours de l'exercice 1927 et pour présenter un rapport à l'Assemblée générale.

IV. — L'Assemblée générale, après avoir entendu les rapports du Conseil d'administration et des Commissaires de surveillance sur l'exercice écoulé du 1er janvier au 31 décembre 1926, approuve les comptes et bilan de cet exercice, ainsi que les comptes particuliers envoyés aux actionnaires et la répartition des bénéfices proposée par le Conseil d'administration.

Elle fixe, en conséquence à 4 0/0 le montant du dividende de l'exercice clos le 31 décembre 1926.

Elle supprime le compte « Provision pour dépréciation des valeurs en Portefeuille » et en reporte le solde, soit 67.000 francs à la réserve extraordinaire qui se trouvera ainsi dotée de 248.127 francs.

V. — L'Assemblée générale extraordinaire autorise conformément à la proposition du Conseil d'administration, l'augmentation du capital social à 10.500.000 francs par l'émission de nouvelles actions.

VI. — L'Assemblée générale autorise le Conseil d'administration à contracter, au nom et pour le compte de la Société, avec la Caisse des Dépôts et Consignations, directement ou comme représentant de l'État, avec ou sans la garantie de la Ville de Paris ou du Département de la Seine, au fur et à mesure de l'augmentation du capital social, un ou plusieurs emprunts, toucher toutes sommes, en donner quittance, fixer le taux de l'intérêt dont les sommes empruntées seront productives, convenir du mode et des époques de paiement, tant en capital qu'en intérêts ; arrêter les charges et conditions sous lesquelles ces prêts seront faits, stipuler notamment que la Société acquittera, le cas échéant, tous les impôts et taxes mis ou à mettre sur ces prêts ; obliger la Société au remboursement et au paiement de tous intérêts, frais et accessoires, ainsi qu'à l'exécution de toutes les clauses et conditions arrêtées, consentir toutes hypothèques sur les immeubles sociaux ; émettre tous titres quelconques en représentation desdits emprunts et faire généralement tout le nécessaire.

VII. — L'Assemblée fixe à 0 fr. 20 0/0 par enfant âgé de moins de 16 ans, le taux de la bonification pour charges de famille, à allouer pour l'exercice écoulé, aux sociétaires ayant observé strictement leurs engagements envers la Société.

Cette bonification sera calculée sur le montant du capital restant dû par le sociétaire au 31 décembre 1926, dans la limite du capital garanti, à la même date, par la Caisse Nationale d'Assurance en cas de décès.

VIII. — L'Assemblée apporte aux statuts les modifications proposées par le Conseil d'administration, en adoptant purement et simplement, dans leur intégralité, les nouveaux statuts-types élaborés par le Comité permanent du Conseil supérieur des Habitations à Bon marché, approuvés par le Ministre du Travail, de l'Hygiène, de l'Assistance et de la Prévoyance sociales et insérés au *Journal Officiel* du 2 juillet 1926.

Les nouveaux statuts seront déposés en l'étude de Mᵉ Bourdel et publiés conformément à la loi.

IX. — L'Assemblée met à la disposition du Conseil d'administration un crédit de 55.000 francs pour faire face aux frais généraux de la Société en 1927.

X. — L'Assemblée autorise le Conseil d'administration à prélever une somme de 50.000 francs sur la réserve extraordinaire pour la constitution d'une Caisses d'avances destinée à aider les sociétaires particulièrement intéressants, pour le versement du cinquième exigé par la loi, mais seulement jusqu'à concurrence de moitié au maximum.

XI. — L'Assemblée met à la disposition du Conseil d'administration une somme de 50.000 francs, à prélever sur la réserve extraordinaire, pour construction, sur le terrain appartenant à la Société, à Paris, 139, avenue Émile-Zola, d'un immeuble collectif destiné aux familles nombreuses.

XII. — MM. Durdan, Hélmer et Cornède sont réélus membres du Conseil d'administration pour quatre années.

M. Thiéry, rédacteur principal à l'Octroi de Paris, est élu membre du Conseil d'administration pour trois années, en remplacement de M. Boulesteix, démissionnaire.

MM. Greslat et Mouliérat sont réélus commissaires des comptes.

ALLOCUTION DE M. Paul AUBRIOT, *Député de Paris.*

Après avoir fait un rapide exposé des conditions dans lesquelles l'État, les Départements et les Communes devraient intervenir pour atténuer d'une façon efficace la crise de l'habitation, crise de plus en plus angoissante dans la région parisienne, M. Paul Aubriot déclare qu'il a écouté avec le plus vif intérêt et aussi avec grand plaisir le rapport présenté par le Conseil d'administration.

Il s'en dégage, dit-il, ce fait principal, que la situation financière de la Société est très prospère.

L'effort accompli, qui se traduit par la constitution d'un « petit chez soi » pour 600 familles, témoigne du légitime souci de prévoyance et de l'esprit d'épargne dont sont animés les employés et ouvriers qui se sont groupés pour créer la Société l'Habitation Moderne.

Mais tout en félicitant les sociétaires on doit rendre tout particulièrement hommage à leur Président qui a pris l'initiative de cette fondation et qui, depuis plus de vingt années, n'a cessé de se consacrer entièrement à l'administration de la Société.

Et l'œuvre va être complétée par deux efforts conjugués ayant pour objet de venir en aide d'une façon très efficace à un certain nombre d'ouvriers et employés ayant charge d'une famille nombreuse.

Je connaissais, ajoute-t-il, les remarquables résultats obtenus par votre Président ; aussi, lorsqu'il vint faire appel à mon amitié pour intervenir auprès du Ministre, afin de vous permettre de continuer à fonctionner utilement — votre Société ayant été traitée désavantageusement dans la répartition des avances de l'État — je n'ai eu aucune hésitation et c'est pour moi une vive satisfaction d'avoir pu vous faire obtenir les fonds dont vous aviez impérieusement besoin.

Et croyez bien que demain, comme hier, la Société l'Habitation Moderne ne fera pas en vain appel à mon concours. *(Applaudissements prolongés.)*

M. TARRIN remercie M. Paul AUBRIOT des paroles très élogieuses qu'il a bien voulu lui adresser et croit devoir en reporter tout le mérite à ses excellents collaborateurs du Conseil d'administration.

La séance est levée à quinze heures et demie.

Matinée Artistique.

L'Assemblée fut suivie d'une Matinée, organisée par M. GILBERT administrateur de la Société, et dont voici le programme :

MATINÉE

donnée avec le concours de l'Orchestre de l'*Amicale Paul Bert* de Clichy.

(Directeur : M. GUITON).

Au piano, Mlle Germaine GACHET.

PREMIÈRE PARTIE

1. *La Petite Mariée*, de Lecocq. . . . . ORCHESTRE.
2. CHAMBERLAIN, *dans son répertoire.*
3. *Chanson triste* de Duparc. . . . . Mlle M. LEPELLEC.
   Samson et Dalila, de Saint-Saëns.
4. *La Fiancée du Timballier*, V. Hugo . . . . Mme GILBERT.
   Adaptation Musicale, de F. Thomé.
5. *Avec Bidasse*. . . . . M. RICHARD.
   Quand je suis de sortie   Comique troupier.
6. *Menuet à la Cour*, dansé par . . . . Mlles BERNU, BOSCHER,
   S. et H. GAMIER, GILBERT et SURMON.

DEUXIÈME PARTIE

1. *Martha*, de Flotow . . . . ORCHESTRE.
   (Solo de cor, M. TOUSSAINT).

2. **LES PETITS OISEAUX**

Comédie en 3 actes, de E. LABICHE et DELACOURT

Blandinet.	MM. GILBERT.		*Joseph*.	MM. E. BOSCHER.
François	JARDIN.		*2e Bollier*	BARTHÈS.
Tiburce.	J. BOSCHER.		*Prudent*.	BARTHÈS.
Léonce.	DUYTCHAVER.		*Henriette*	Mme GILBERT.
Aubertin	JACQUES.		*Laure*.	Mlle Chr. GILBERT.
Mizabran.	NOSLIER.			

Avant les 2e et 3e actes l'Orchestre donna :

a) *Le Calife de Bagdad* (Ouverture), de Boïeldieu.

b) *Les Cloches de Corneville*, de R. Planquette.

Au cours de chaque entr'acte, les 600 personnes présentes se rendirent au buffet très bien servi par la Maison POIRÉ BLANCHE.

IMPRIMERIE CHAIX, RUE BERGÈRE, 20, PARIS. — 6244-1-27. — (Encre Lorilleux).

LISTE DES SOCIÉTAIRES

Achard, inspecteur à la Préfecture de Police.

Adam, infirmier à l'asile de Ville-Evrard.

Albagnac, machiniste T. C. R. P.

Alcher, inspecteur à la Police judiciaire.

Alet, comptable à la Compagnie générale des Eaux.

Alexandre, mécanicien au Gaz de Paris.

Amiot, gardien de la paix.

Angénieux, employé Gaz de Paris.

Arbittre, sous-brigadier Octroi de Paris.

Arend (Mme), femme de service, écoles de la Ville de Paris.

Arnaud (Adrien), dessinateur Gaz de Paris.

Arnaud (Georges), expéditionnaire à l'Assistance publique.

Arnoult, employé au Gaz de Paris.

Aron, employé C. P. D. E.

Arvin-Bérod (Albert), employé à la T. C. R. P.

Arvin-Bérod (Cyrille), gardien de la Paix.

Ascola, cantonnier.

Audet, sous-brigadier à l'Octroi de Paris.

Auréjac, employé à l'Asile de Maison-Blanche.

Aymard, brigadier à la police judiciaire.

Bacle, commis à l'Octroi de Paris.

Bacon, instituteur.

Bacquet.

Bailly, inspecteur du Service technique de l'Assistance publique.

Balazuc, contrôleur Gaz de Paris.

Bansard, infirmier à l'asile de Villejuif.

Barré, secrétaire, mairie des Lilas.

Barrieu, employé à la Préfecture de Police.

Barrois, employé à la Compagnie générale des Eaux.

Barteau, inspecteur Gaz de Paris.

Basso, surveillant de travaux V. P.

Batot, infirmier à l'hospice de Bicêtre.

Baudin (Mᵐᵉ), professeur à l'École professionnelle Jacquard.

Baudoin, instituteur.

Baut, infirmier.

Beaujard, instituteur.

Beck, inspecteur P.P.

Belhoste, rédacteur P. S.

Béligard (Marcel), piéton Service du Métropolitain

Béligard (Maurice), conducteur municipal.

Bélud (Ernest), piéton au Service de l'Assainissement.

Bélud (Gilbert), instituteur.

Benoits, chauffeur à la Compagnie générale des Eaux.

Bernard (Francis), infirmier à l'Asile de Ville-Évrard.

Bernier, gardien de bureau P. S.

Bernon, employé à l'Octroi de Paris.

Berruelle, comptable C. P. D. E.

Berthier, employé aux Perceptions municipales.

Bertille (Mme), infirmière hospice de Brévannes.

Besson (Mme), employée au Crédit Municipal.

Beugin, instituteur.

Beugnot, inspecteur T. C. R. P.

Bézier, sous-chef de bureau Gaz de Paris.

Billard, employé E. C. F. M.

Binet, contrôleur T. C. R. P.

Blaise, instituteur.

Blancard, employé à la Compagnie des Eaux.

Blas, gardien de bureau à l'Assistance publique.

Bleynie, instituteur.

Blin (Mme V^e).

Blondel (Mme), expéditionnaire à la C. P. D. E.

Bodot, mécanicien aux Étuves Municipales.

Bois, employé T. C. R. P.

Bonavita, instituteur.

Bontemps (Mme), institutrice.

Bordier, ouvrier au Gaz de Paris.

Bos, employé à la C. P. D. E.

Bouchaud, commis au Gaz de Paris.

Boulai, gardien de la paix.

Boulesteix, secrétaire-adjoint à la Préfecture de la Seine.

Boulet, infirmier Asile de Ville-Évrard.

Boullé, employé à l'Assistance publique.

Bourdet, employé à la Compagnie Générale des Eaux.

Bourgeois.

Bourget, employé au Crédit Municipal.

Bourlier, rédacteur principal à l'Octroi de Paris.

Bouschet, employé à la Compagnie du Métropolitain.

Boutin, chef do bureau honoraire à la Préfecture de la Seine.

Boutonnet, ouvrier E. C. F. M.

Bouvet, expéditionnaire P. S.

Boyer, expéditionnaire P. S.

Bras, jardinier V. P.

Briand, infirmier à Brévannes.

Briquet, employé C. P. D. E.

Brisse, commis-principal P. S. (Contrôle central).

Broegg, sous-chef de bureau à la Préfecture de Police. *Administrateur.*

Broquet, maître technique V. P.

Brougnoli, sous-chef de bureau C. P. D. E.

Bruslé, surveillant do travaux Gaz de Paris.

Brutlau, instituteur.

Buo, conducteur municipal.

Buisson (Charles), électricien à la C. P. D. E.

Burdot, électricien à la C. P. D. E.

Bureau, brigadier à la Police judiciaire.

Burger, employé principal E. C. F. M.

Burte, infirmier à l'Asile de Ville-Évrard.

Bussnet, expéditionnaire P. S.

Cadieu, contrôleur T. C. R. P.

Campenot, gardien de bureau P. S.

Cantone (Mᵐᵉ), institutrice.

Caron, employé à l'Assistance publique.

Carpentier, infirmier à l'Asile de Ville-Évrard.

Carré (Désiré), employé à la Compagnie Générale des Eaux.

Carré (Marcel), expéditionnaire P. S.

Carré (Prosper), chef ouvrier C. P. D. E.

Carrette, employé Gaz de Paris.

Carrié, employé P. P.

Carriot, magasinier à l'asile de Villejuif.

Carton, sous-chef de bureau P. S., *Administrateur*.

Castellani, expéditionnaire à la Préfecture de Police.

Caulé, employé P. S.

Cazalis, commis dessinateur P. S.

Chaboureau, inspecteur à la Compagnie générale des Eaux.

Chagot, inspecteur P. P.

Chalin, employé au Crédit Municipal.

Chambefort, boucher à l'hospice d'Ivry.

Chapuis (Étienne), jardinier à l'Asile de Maison-Blanche.

Chapuis (Louis), buandier à l'hospice Paul-Brousse.

Charles (Frédéric), chef cantonnier, service du Département.

Charles (Victor), commis principal au Gaz de Paris.

Charrault, gardien de la paix.

Chauvelot, instituteur.

Chauwin, employé P. P.

Chelney, employé à la Compagnie du Métropolitain.

Chérel, infirmier, hospice de Brévannes.

Chesneau, inspecteur P. P.

Chevallet, jardinier de la Ville de Paris.

Chevillot, inspecteur P. P.

Chézeau, machiniste T. C. R. P.

Cicille, commis-dessinateur P. S.

Cisterne, gardien de la paix.

Citeau, sous-brigadier à l'Octroi de Paris.

Claudon, employé à l'asile de Villejuif.

Clidet, commis-dessinateur P. S.

Cochet, brigadier de gardiens de la paix.

Cogan, employé à la T. C. R. P.

Colin (Camille), sous-brigadier à l'Octroi de Paris

Colin (Gaston), ouvrier au Gaz de Paris.

Colin (Louis), gardien de la paix.

Collardot, cantonnier au Service départemental.

Collège, conducteur, Compagnie du Métropolitain.

Collier, régisseur-comptable P. S.

Collinet, professeur d'enseignement technique.

Collombet, cuisinier hospice Brézin.

Combe, commis ambulant à l'Octroi de Paris.

Combrison, magasinier au Service des Eaux.

Copigneaux (Eugène), sous-ingénieur à la Ville de Paris.

Copigneaux (Maurice), conducteur municipal P. S.

Cornède, commis principal P. S. (Secrét{re} gén{al}), *Secrétaire du Conseil d'administration.*

Corroy, tailleur à l'asile de Ville-Évrard.

Couffet, employé A. P.

Coutant, gardien de bureau P. S.

Covin, employé à la Compagnie Générale des Eaux.

Coyac, maître-ouvrier à l'École Colbert.

Creux, employé à la Compagnie Générale des Eaux.

Crochu, brigadier de gardiens de la paix.

Curton (Eugène), employé à l'Octroi de Paris.

Curton (Gaston), employé à l'Octroi de Paris.

Daigneau, chauffeur à la Compagnie générale des Eaux.

Dallés, plombier T. C. R. P.

Dallet, fleuriste à l'A. P.

Darquet, employé à la Compagnie des Eaux.

Dartus, inspecteur à la Préfecture de Police.

Daum, cantonnier à la Ville de Paris.

Dauvé, employé P. S. (17e Mairie).

Daval (Émile), employé à l'Asile de Villejuif.

Daval (Eugène), ouvrier Gaz de Paris.

Debavelaere, plombier Gaz de Paris.

Debedde, cantonnier V. P.

Decker, inspecteur P. P.

Decreux, employé Octroi de Paris.

Decrombecque, mécanicien Gaz de Paris.

Defain, employé T. C. R. P.

Defretin (Mme), dame dactylographe P. S.

Degeorge, ajusteur T. C. R. P.

Deguilhem, électricien C. P. D. E

Delaporte, instituteur.

Delaroche, employé à l'Octroi de Courbevoie.

Delaunay (Charles), contrôleur à la T. C. R. P.

Delaunay (Frédéric), infirmier.

Delavault, gardien de bureau P. S.

Dellieux, instituteur.

Delmart (Mme V^e).

Demai, employé à l'Octroi d'Ivry.

Demaissaz, employé à la E. C. F. M.

Demassias (Mme), infirmière à l'A. P.

Demont, instituteur.

Deniau, expéditionnaire P. S.

Département de la Seine.

Dépreux, sous-brigadier Octroi de Paris.

Deprez, électricien à la C. P. D. E.

Derne, conducteur d'architecture.

Desaix, jardinier de la Ville de Paris.

Desbordes, sous-brigadier à l'Octroi de Paris.

Desloy, expéditionnaire au Crédit Municipal.

Desroseaux, employé Gaz de Paris.

Deviers, chauffeur au Gaz de Paris.

Dibling, professeur à l'École Lavoisier.

Didion, gardien de bureau P. S.

Dilgard, employé au Greffe du Tribunal de Commerce.

Dinet, commis-dessinateur P. S.

Domain, adjoint technique, mairie de Puteaux.

Donard, employé E. C. F. M.

Doublet, employé au Magasin scolaire.

Doumas, machiniste T. C. R. P.

Dromer (Mme), employée A. P.

Dropsy, sous-brigadier à l'Octroi de Paris.

Dubant, gardien de la paix.

Dubert, instituteur.

Dubois (Henri), employé au Métropolitain.

Dubois (Henri-François-Joseph), ouvrier Gaz de Paris.

Dubois (Pierre), employé à l'hospice Paul Brousse.

Ducartier, employé à la T. C. R. P.

Ducrest (Mme), employée à la Compagnie Générale des Eaux.

Dufour (Maurice), ouvrier à l'Institut des Aveugles.

Dufour (Philibert), cuisinier à l'asile de Villejuif.

Duhaupas, expéditionnaire P. S.

Dunand-Poton, menuisier à l'Asile de Ville-Évrard.

Dupuis, maître technique dans les Écoles de la Ville de Paris.

Duquesnoy.

Durand, sergent de ville à Montreuil.

Durdan, conducteur à la C. P. D. E., *Administrateur.*

Durmann, surveillant V. P.

Durpos, cantonnier de la Ville de Paris.

Dutranoy (M⁰ᵉ), employée T. C. R. P.

Espeissès, inspecteur de la voirie à Malakoff.

Ezpeleta, emp'oyé au Service de l'Approvisionnement des Hôpitaux.

Fabre, instituteur.

Faucher, expéditionnaire à la C. P. D. E.

Faure, adjoint technique C. P. D. E.

Favechamps, contrôleur Gaz de Paris.

Favero (Mᵐᵉ), expéditionnaire T. C. R. P.

Favre, employé A. P.

Féjard, instituteur.

Férec, maître technique V. P.

Féret (Mᵐᵉ), institutrice.

Férez (Mᵐᵉ), rédacteur P. S.

Ferrasse, contrôleur des mines à l'Inspection des Carrières.

Ferry, employé T. C. R. P.

Fillon, chef égoutier V. P.

Finet, instituteur.

Fittan, boulanger A. P.

Fleureaux, manœuvre à l'usine de Saint-Maur.

Foa, employé aux Perceptions municipales.

Fortier, employé C. P. D. E.

Fortin, machiniste T. C. R. P.

Fournier, employé Gaz de Paris.

Fournol, commis à l'Octroi de Paris.

Frayssinet, inspecteur à la Préfecture de Police.

Frédério, ingénieur-voyer de la ville de Pantin, *Administrateur*.

Fromont, porte-mire au Service du Métropolitain.

Fruchon, adjoint technique C. P. D. E.

Führer, commis-dessinateur V. P.

Galan, préposé aux Perceptions municipales.

Galland, employé à l'Octroi de Paris.

Gallèpe, instituteur.

Gallet, employé au Crédit Municipal.

Gallien, employé à l'Ocroi de Paris.

Galtrand (Mme), infirmière à l'asile de Villejuif.

Garcet, cantonnier V. P.

Garnier, employé E. C. F. M.

Garraud (Mme), surveillante A. P.

Gattefossey, chef de bureau honoraire A. P.

Gaud, employé à l'Octroi de Paris.

Gautier, gardien de la paix.

Gayot (Mme), institutrice.

Genty, maître technique, écoles de la V. P.

Gervais, serrurier V. P.

Gibert, gardien de la paix.

Gicquel, infirmier A. P.

Gilbert, instituteur, *Administrateur.*

Gilland, expéditionnaire au Crédit Municipal.

Ginestet, ouvrier E. C. F. M.

Ginet, employé École Dorian.

Girard (Georges), charron Gaz de Paris.

Girard (Joseph), ajusteur V. P.

Girard-Reydet, employé à la Mairie de Colombes.

Giraud fils.

Giraud (Mᵐᵉ), infirmière à l'A. P.

Giraudon, employé P. S.

Girod, ouvrier Gaz de Paris.

Giry, infirmier.

Gitton, instituteur.

Godebert, agent technique T. C. R. P.

Godefroy (Mᵐᵉ), institutrice.

Godescaux, gardien de la paix.

Gondouin, gardien de bureau P. P.

Goudard, employé C. P. D. E.

Goursaud, commis principal Gaz de Paris.

Goutte, infirmier à l'Asile Clinique.

Gouve, secrétaire-rédacteur au Conseil général de la Seine.

Grallien, machiniste T. C. R. P.

Grandjean, instituteur.

Grenet (Mᵐᵉ), infirmière.

Greslat, rédacteur principal à l'Octroi de Paris, *Commissaire de surveillance*.

Grillot, employé à la Compagnie des Eaux.

Grohan, ouvrier Gaz de Paris.

Grolet, employé Compagnie Générale des Eaux.

Grossin, gardien de bureau P. S.

Guénard, instituteur.

Guéranger, employé au Gaz de Paris.

Guéritot, inspecteur à la Préfecture de Police.

Guerre, employé Gaz de Paris.

Guéry, employé Mairie de Clichy.

Guiborat, gardien de la paix.

Guillot, instituteur.

Guitton, employé P. P.

Guyon, employé T. C. R. P.

Héleine, commis dessinateur P. S.

Helmer, employé à la Compagnie des Eaux, *Administrateur.*

Hengoat, ajusteur Compagnie des Eaux.

Hennion, inspecteur P. P.

Henry, secrétaire administratif T. C. R. P.

Héron, ouvrier A. P.

Hisette, expéditionnaire à la C. P. D. E.

Horn, employé C. P. D. E.

Houldinger, employé à l'Octroi de Paris.

Houyel, contrôleur T. C. R. P.

Hoyez, employé à la Mairie de Puteaux.

Hubert, gardien de la paix.

Hugon, employé à l'Octroi de Paris.

Humblot, chef des transports à l'Asile clinique.

Huot (Charles), ouvrier Gaz de Paris.

Huot (Marcel), garde au cimetière de l'Est.

Hyvernault, boiseur Gaz de Paris.

Inglère, chef cantonnier, voirie départementale.

Iülg (Mme), institutrice.

Jacquelot, chef électricien C. P. D. E.

Jacquette, instituteur.

Jarrafoux (Mme), agent de service Écoles Maternelles.

Jeant, sous-ingénieur de la Ville de Paris.

Jobelot, météorologiste V. P.

Joly (Adolphe), chef machiniste T. C. R. P.

Joly (Louis), électricien C. P. D. E.

Jordery, garde à la Bourse des Valeurs.

Josse, employé à l'Octroi de Paris.

Jourdain, gardien de la paix.

Juteau, ajusteur-mécanicien à la C. P. D. E.

Kirchhofer, rédacteur Mairie de Romainville.

Kuntz, sous-brigadier à l'Octroi de Paris.

Lablanche, tourneur Gaz de Paris.

Labrousse, trieur de pavés V. P.

Lachaud, commis au Crédit Municipal.

Lachiaille, surveillant Gaz de Paris.

Lacolombe, exaéditionnaire P. S.

Lacombe, gardien de la paix.

Lafay, commis comptable au Service d'Architecture du Département.

Lafeuille, infirmier à l'hospice Paul-Brousse.

Laigle, commis P. P.

Laissao.

Lalauze, commis Gaz de Paris.

Lalouette, instituteur.

Lamézeo, fossoyeur à Nogent.

Lamouroux, commis-dessinateur P. S.

Lance, infirmier.

Lancel (M⁽ᵉ⁾), institutrice.

Landois, contrôleur T. C. R. P.

Langlade, expéditionnaire à la Préfecture de la Seine (9ᵉ Mairie).

Langlois, employé au Crédit Municipal.

Langrognet (Mᵐᵉ veuve).

Langrognet (Mˡˡᵉ), institutrice.

Lapeyre, chef paveur à la Ville de Paris.

Larraud, cantonnier (service départemental).

Lasne, gardien de la paix.

Lasserre, jardinier V. P.

Laurent (Mᵐᵉ).

Lavault, mécanicien P. V.

Lavergne, chef cantonnier P. V.

Lavignon, employé P. S.

Lazard, buandier à l'Asile de Villejuif.

Le Bris, infirmier à Ville-Évrard.

Lecerf, employé à l'Octroi de Paris.

Léchevin (Eugène), employé à la commune de Saint-Denis.

Léchevin (Victor), sergent de ville à Montreuil.

Leclerc (Charles), employé Gaz de Paris.

Leclerc (Honoré), jardinier à l'Asile de Maison-Blanche.

Lecocq, manœuvre Service des Eaux.

Lecomte (Désiré), chauffeur à l'Usine de Clichy.

Lecomte (Jules), expéditionnaire A. P.

Ledoux, électricien.

Le Duo (Léon), ouvrier Gaz de Paris.

Le Duo (Pierre), commis aux Pompes funèbres.

Lefay, infirmier.

Lefebvre (Albert), maître technique Écoles Ville de Paris.

Lefebvre (Louis), commissaire de police.

Le Fresser, sous-brigadier à l'Octroi de Paris.

Legat, poseur de rails au Nord-Sud.

Legendre, gardien de bureau P. S.

Le Gentil (Mme), institutrice.

Léger, adjoint technique des Travaux de Paris (Service des Concessions)

Legrand, receveur T. C. R. P.

Lelennier, employé Gaz de Paris.

Lemaréchal, instituteur.

Lemoine, comptable au Crédit Municipal.

Lenain, contremaître Gaz de Paris.

Le Nestour, plombier à l'Asile de Maison-Blanche.

Lepan, gardien de bureau P. S.

Lepas, aide-magasinier au Crédit Municipal.

Léran, employé à la Préfecture de la Seine (8e Mairie).

Leroux, employé Gaz de Paris.

Leroy, infirmier à l'Asile de Villejuif.

Le Sabazeo, menuisier Gaz de Paris.

Lesage, gardien de la paix.

Le Sager, ouvrier au Gaz de Paris.

Lesieur, commis au Crédit Municipal.

Létoffé, employé à l'Octroi de Puteaux.

Levesque, mécanicien à l'hôpital Lariboisière.

Ligereau, ouvrier à la Société du Gaz de Paris.

Linster, commis principal P. S.

Liovent, employé à l'Assistance publique (Clinique Tarnier).

Loisel, dessinateur à la Compagnie générale des Eaux.

Longuet, architecte.

Lorand, contrôleur T. C. R. P.

Lorgnet, inspecteur Gaz de Paris.

Luce (Mme), infirmière à la Maison de Santé de Neuilly-sur-Marne.

Mabille, employé à la Compagnie Générale des Eaux.

Maillert, sous-brigadier Octroi de Paris.

Maillot, ouvrier cimentier V. P.

Mainguy, architecte-vérificateur des Travaux du Département.

Malaurie, sous-brigadier à l'Octroi de Paris.

Mallet, rédacteur principal Octroi de Paris.

Malvault, ouvrier Gaz de Paris.

Marcaux, chef machiniste T. C. R. P.

Marchal, électricien C. P. D. E.

Marcille, adjoint technique C. P. D. E.

Mariller, cantonnier V. P.

Marin, employé P. S.

Marodon, sous-ingénieur C. P. D. E.

Marteau, gardien de la paix.

Martin (Etienne), employé Gaz de Paris.

Martin (Paul), employé C. P. D. E.

Martin (Ulysse), contrôleur à la T. C. R. P.

Martinage, employé C. P. D. E.

Martinière, surveillant de travaux de la Ville de Paris.

Martz, employé P. P.

Massart, infirmier à l'Asile de Villejuif.

Masson, porteur de contraintes V. P.

Mathieu, infirmier.

Maucurier, professeur d'éducation physique.

Maurice, chef mécanicien T. C. R. P.

Mayet, mécanicien T. C. R. P.

Mentienne, chauffeur à l'Asile de Ville-Évrard.

Mercadier (Mme), employée P. P.

Méry, employé au Crédit Municipal.

Meunier, commis à l'Octroi de Paris.

Meyer, conducteur des Ponts et Chaussées.

Meyer (François), expéditionnaire P. S. (9e mairie).

Meyer (Marie), employé A. P.

Michel (Eugène), mécanicien conducteur T. C. R. P.

Michel (François), gardien de bureau P. S.

Michel (Pierre), infirmier à l'asile de Villejuif.

Michon, surveillant de travaux V. P.

Michot (Mme), institutrice.

Mignan, dessinateur à la Compagnie des Eaux.

Mocquet, employé à l'Octroi de Romainville.

Moeneclaey, employé E. C. F. M.

Monfort, électricien C. P. D. E.

Monfumat (de), employé Mairie de Saint-Maur.

Montagne, instituteur, *Administrateur*.

Montel, forgeron T. C. R. P.

Moreau (Alexis), ouvrier Gaz de Paris.

Moreau (Clément), ouvrier Gaz de Paris.

Morel (Paul), employé Gaz de Paris.

Morelle (M⁰ᵉ).

Morice, infirmier.

Morin (Fernand), architecte-vérificateur (8ᵉ Section).

Morin (Henri), infirmier E. C. F. M.

Morinet, infirmier hospice Paul-Brousse.

Mortefon, employé à l'Octroi de Paris.

Moullérat, commis à la Compagnie des Eaux, *Commissaire de surveillance*.

Mourret (Louis), employé à l'Octroi de Paris.

Muret, employé à la T. C. R. P.

Mutin-Bondet, rédacteur C. P. D. E.

Nagel, inspecteur Gaz de Paris.

Nautré (Mᵐᵉ), professeur d'enseignement technique.

Naxara, chef ouvrier à la C. P. D. E.

Nicolas, employé au Gaz de Paris.

Niget, infirmier à l'Asile de Ville-Evrard.

Nivelon (Mme), infirmière à l'Asile de Villejuif.

Normand (Mme), dame dactylographe P. S.

Normant, aide-essayeur au bureau de la garantie de la Ville de Paris.

Nourrisson, fumiste, C. O. D. E.

Olive, architecte.

Oliveux, infirmier à l'Asile de Villejuif.

Ollivier, infirmier A. P.

Ory (Mme), infirmière à la Maison de santé de Neuilly-sur-Marne.

Page, typographe à l'Imprimerie municipale.

Pain, rédacteur au Crédit Municipal.

Paire (Mme), sténo-dactylographe P. S.

Paisant, expéditionnaire P. S.

Pallud (Eugène), buandier, Asile de Maison-Blanche.

Pallud (Hippolyte), menuisier à l'Asile de Maison-Blanche.

Panis, commis à l'Assistance publique.

Papin (Frédéric), cuisinier à l'Assistance Publique.

Pardiès, secrétaire adjoint à la Mairie de Clichy.

Parisot, contrôleur T. C. R. P.

Parsoire, employé Gaz de Paris.

Pau, machiniste T. C. R. P.

Paul, électricien C. P. D. E.

Paulin (Mme), sténo-dactylographe P. S.

Payonne, commis dessinateur V. P.

Peccatte, machiniste T. C. R. P.

Pelletier, jardinier V. P.

Pénard, sous-directeur à la Préfecture de la Seine (Direction du Personnel).

Pérotin, sous-chef de bureau au Crédit Municipal.

Perronnet, brigadier Octroi de Paris.

Perrot, gardien de cimetière.

Petit, surveillant de jardinage à la Ville de Paris.

Petit (Victor), peintre à l'Asile de Maison-Blanche.

Picard, employé E. C. F. M.

Pichard (ayants droit).

Pichard (Marcel), commis principal P. S.

Picher, instituteur.

Picou, cantonnier V. P.

Pierre, receveur T. C. R. P.

Piétri, commis au Gaz de Paris.

Pigeon, expéditionnaire Crédit Municipal.

Pilleboue, receveur T. C. R. P.

Piolé, commis principal à la Préfecture de la Seine (Direction d'Architecture), Vice-Président du Conseil d'administration.

Piron, commis principal à la Compagnie Générale des Eaux.

Plagnol, employé au Service de la répression des fraudes.

Poggioli, contrôleur T. C. R. P.

Poireaudeau, machiniste à la T. C. R. P.

Poiret, sous-brigadier Octroi de Paris.

Poirier (Mᵐᵉ), employée au Magasin central des Hôpitaux.

Poli, expéditionnaire P. S.

Polliond, expéditionnaire à la C. P. D. E.

Ponchon (O.), contrôleur T. C. R. P.

Ponchon (M.), chef-machiniste T. C. R. P.

Ponchard, instituteur.

Pontoreau, machiniste T. C. R. P.

Poot, commis-expéditionnaire P. S.

Porcher (Mᵐᵉ), femme de service Écoles de la Ville de Paris.

Portalès, expéditionnaire à la Préfecture de police.

Porte (Mᵐᵉ), infirmière à l'Asile de Villejuif.

Pottier, électricien C. P. D. E.

Poupeney, aide à l'Usine de Javel.

Fourkarte, employé Octroi de Paris.

Poutoux, employé à la Compagnie générale des Eaux.

Preyssas, aide-géomètre V. P.

Prière, gardien de la paix.

Quain, conducteur d'autos au Gaz de Paris.

Quentin, employé Crédit Municipal.

Quintard, employé à l'A. P.

Raffaelli, infirmier.

Raguet, gardien de la paix.

Raizonville, cantonnier de la Ville de Paris.

Raoul, secrétaire Mairie de Bois-Colombes.

Raulio, infirmier à l'hospice de Bicêtre.

Renaud, ordonnateur Pompes funèbres.

Renouard (Jean), receveur à la T. C. R. P.

Renouard (Jules), mécanicien Asile clinique.

Rents, chauffeur à l'Asile de Villejuif.

Revelle, receveur d'octroi à Vanves.

Reviron, employé Gaz de Paris.

Reynaud (Mme), institutrice.

Ribouleau, menuisier A. P.

Rimaniol, commis-dessinateur P. S.

Riou, gardien de bureau P. S.

Rissel, garçon de pharmacie Asile de Maison-Blanche.

Robin (Alexandre), infirmier à l'Asile de Villejuif.

Robin (Emile), préposé comptable au Service des Pompes funèbres.

Roger (Edmond), gardien de bureau P. S.

Roger (G.), plombier Gaz de Paris.

Roland, professeur de dessin V. P.

Rondeau, gardien de la paix.

Rondu, brigadier de gardiens de la paix.

Ropart, expéditionnaire P. S.

Rosset, chauffeur C. G. D. E.

Rouet, expéditionnaire à la Préfecture de la Seine.

Rouhaud, receveur à la T. C. R. P.

Rouillon, infirmier.

Roullier, instituteur.

Rousse, infirmier Asile de Villejuif.

Roussel, commis ambulant à l'Octroi de Paris.

Roux, gardien de bureau P. S.

Roy, adjoint technique des Travaux de Paris.

Rumeau, inspecteur à la Compagnie des Eaux.

Sabaterie, chef ouvrier d'usine V. P.

Saint-Léger, contrôleur Gaz de Paris.

Saint-Martin, instituteur.

Salmon, *Administrateur*, chef de bureau à la Préfecture de la Seine.

Balonté, commis-dessinateur P. S.

Sardina, commis-dessinateur P. S.

Saulnier, adjoint technique à la C. P. D. E.

Sauvage, ajusteur A. P.

Savignet, secrétaire administratif T. C. R. P.

Schlaegel, gardien de la paix.

Schmitt (Félix), employé Gaz de Paris.

Schmitt (Louis), plombier Gaz de Paris.

Ségurel, expéditionnaire P. S.

Sélince, inspecteur E. C. F. M.

Sellerin, expéditionnaire à l'Octroi de Paris.

Sellier, commis principal A. P.

Séron, ajusteur Gaz de Paris.

Serres, rédacteur principal P. S.

Servin, receveur municipal à Romainville

Seureau, employé T. C. R. P.

Sforzina (Mᵐᵉ), institutrice.

Sibert (Émile), rédacteur principal P. S.

Sibert (Marcel), rédacteur principal P. S.

Siméon, employé C. G. D. E.

Sinjon (Mᵐᵉ).

Solignac (Mᵐᵉ Vᵉ).

Sore, commis à l'Octroi de Paris.

Soubrat, employé A. P.

Stocky, rédacteur principal à la C. P. D. E.

Subra, comptable T. C. R. P.

Tardy, employé à la C. P. D. E.

Tarrin (Auguste), sous-directeur-honoraire à la Préfecture de la Seine, *Président du Conseil d'administration.*

Tarrin (Mᵐᵉ Auguste).

Tarrin (Gaston), ingénieur T. P.

Tarrin (René), commissionnaire en marchandises.

Tarrin (Adrien), courtier en marchandises.

Tarrin (Maurice), ingénieur-chimiste.

Tarrin (Auguste), fils, commissionnaire en marchandises.

Tarrin (Jacques), courtier en marchandises.

Tatrix, employé à l'A. P.

Tépénier, employé C. P. D. E.

Teyssèdre, commis à l'Asile de Ville Évrard.

Thévenet, expéditionnaire P. S.

Thiéry, rédacteur principal Octroi de Paris, *Administrateur*.

Thomas, instituteur.

Thoumas, infirmier à l'hôpital Laënnec.

Tonneaux, receveur d'octroi à Montreuil.

Touzet, employé P. P.

Trannoy, employé Gaz de Paris.

Tuquet, préposé A. P.

Turin (Albert), architecte à la Préfecture de Police.

Turin (André), ingénieur de l'Assistance Publique.

Turin (Maurice), architecte.

Vaguet, infirmier à l'hospice de Bicêtre.

Vallet, professeur de chant V. P.

Valuet, expéditionnaire P. S.

Vannier, inspecteur P. P.

Vardelle, boulanger A. P.

Veillon (M**), infirmière à Bréva ncs.

Verdavoine, électricien P. S.

Vibert, instituteur.

Villar, receveur, E. C. F. M.

Ville de Paris.

Vincent, inspecteur P. P.

Watrin, rédacteur C. P. D. E.

Wetzel, électricien C. P. D. E.

Wiart (M⁰), commis à la Préfecture de la Seine.

Wolff (M⁰), employée à l'Office départemental de placement.

Wollheim, employé E. C. F. M.

Yvon, professeur d'éducation physique à la Ville de Paris.

Zamith, rédacteur principal à la C. P. D. E.

Zammit, électricien à la C. P. D. E.

IMPRIMERIE CHAIX, RUE BERGÈRE, 20, PARIS. — 4255-3-27. — (Encre Lorilleux)

CONSEIL D'ADMINISTRATION

Broegg, sous-chef de bureau à la Préfecture de Police, rue du Bel-Air, 4, à Montgeron.

Carton, O. ✻, sous-chef de bureau à la Préfecture de la Seine.

Cornéde, commis principal à la Préfecture de la Seine (Secrétariat général), 23, rue de Thiais, à Villejuif, *secrétaire*.

Durdan, conducteur à la Compagnie parisienne de Distribution d'électricité, rue de Tocqueville, 13.

Frédéric, ingénieur voyer de la ville de Pantin, rue de Paris, 100, à Pantin.

Gilbert, instituteur, boulevard Voltaire, 136 *bis*, à Asnières.

Helmer, rédacteur à la Compagnie générale des Eaux, rue Cler, 43.

Lenain, contremaître à la Société du Gaz de Paris, rue de la Chevrette (136. route de Saint-Denis), à Deuil.

Piolé, commis principal à la Préfecture de la Seine (Affaires départementales), *vice-président*, rue Alphonse-Haussaire, 7, à Enghien.

Salmon, chef de bureau à la Préfecture de la Seine (Direction des Services d'Architecture.

Tarrin Auguste, sous-directeur honoraire à la Préfecture de la Seine, *président*, rue Jean-Jaurès, 16, à Antony.

Thiéry, rédacteur principal à l'Octroi de Paris, avenue de la République, à Villejuif.

MM.

Série renouvelable en 1928.	**Tarrin, Lenain, Salmon.**	
— en 1929.	**Frédéric, Gilbert, Piolé.**	
— en 1930.	**Carton, Broegg, Thiéry.**	
— en 1931.	**Durdan, Helmer, Cornède.**	

COMMISSAIRES DES COMPTES

MM. **Greslat**, rédacteur principal à l'Octroi de Paris (en retraite), avenue des Champs-Élysées, à Pomponne.

Moullérat, commis à la Compagnie générale des Eaux (en retraite), avenue du Maine, 186.

COMMISSION DES TRAVAUX

MM. **Piolé, Durdan, Frédéric, Lenain** et **Salmon.**

DIRECTION

M. **Auguste Tarrin**, président du Conseil d'administration.

Compte de chèques postaux : 6875.

Compte courant au Crédit Municipal de Paris 2027

REGISTRE DU COMMERCE : 165.029

IMPRIMERIE CHAIX, RUE BERGÈRE, 20, PARIS. — 1210-1-27. — (Encre Lorilleux).